STEFANIA PELLECCHIA

VOGLIO VIVERE COSÌ

Il Network Marketing
Attraverso la Mia Vita

I0040082

Titolo

"VOGLIO VIVERE COSÌ"

Autore

Stefania Pellecchia

Editore

Bruno Editore

Sito internet

http://www.brunoeditore.it

Tutti i diritti sono riservati a norma di legge. Nessuna parte di questo libro può essere riprodotta con alcun mezzo senza l'autorizzazione scritta dell'Autore e dell'Editore. È espressamente vietato trasmettere ad altri il presente libro, né in formato cartaceo né elettronico, né per denaro né a titolo gratuito. Le strategie riportate in questo libro sono frutto di anni di studi e specializzazioni, quindi non è garantito il raggiungimento dei medesimi risultati di crescita personale o professionale. Il lettore si assume piena responsabilità delle proprie scelte, consapevole dei rischi connessi a qualsiasi forma di esercizio. Il libro ha esclusivamente scopo formativo.

Sommario

Introduzione

Questo mio scritto è testimonianza di alcune parti del mio percorso di vita con riferimento all'ultimo periodo, in cui è presente il Network Marketing.

Nel momento in cui ho conosciuto questa realtà che si basa sulla crescita personale dell'individuo per raggiungere il successo, sono riuscita a ripercorrere le esperienze che ho vissuto, collocarle nella logica della mia stessa esistenza e capirne più a fondo non solo il significato, ma soprattutto l'insegnamento celato tra le righe.

Quando comprendi, ti senti più forte, più sicuro, perché sai come muoverti di conseguenza; è ciò che è capitato a me ultimamente e ho voluto raccontarlo.

Questo perché, essendo io molto pragmatica e preferendo, al di là della teoria, sperimentare ciò che imparo, ho pensato che una testimonianza reale potesse essere più utile, a qualcuno come me, per approfondire non solo il discorso del Network Marketing ma anche qualche aspetto personale a esso collegato.

Sarà come navigare in acque sicure perché già esplorate, in un modo semplice, senza tanti giri di parole e concetti astratti. Perciò, buon viaggio nell'infinito potenziale delle mie e delle vostre risorse...

Parte 1:

Verso il successo nel business

Eccomi qui, in barca a vela, seduta a prua con le onde che mi cullano e lo sguardo perso all'orizzonte in uno splendido tramonto! Sembrerebbe la classica scena romantica di un film, ma non avete idea di quanti spunti utili alla vita si possono cogliere dalla natura quando si è completamente assorti in essa. Anche se per pochi minuti, basta solo osservare e ascoltare. Voglio raccontare la mia storia come fosse un romanzo e fornire, senza pretesa, qualche spunto di riflessione.

A chi? A coloro che sono fermi in un punto, sempre lo stesso, e che, invece, nel proprio intimo desiderano essere la barca su cui siedo, in movimento, con la prua orientata verso un obiettivo, in balìa delle onde e del vento con cui bisogna convivere, cercando di mantenere sempre la rotta. Se fosse un libro prettamente formativo, partendo da questo concetto potrei dilungarmi in tutta una serie di argomenti, ma il mio intento è quello di raccontarvi nella pratica cosa è successo a me, semplicemente sperimentando quello che imparavo.

Non importa quale sia il testo o la persona da cui viene un insegnamento, è importante l'uso che se ne fa, anche se si trattasse banalmente di un messaggio scritto all'interno di un cioccolatino. Posso dire di essere riuscita a cambiare la mia vita applicando quello che sentivo e vedevo di interessante intorno a me e facendolo mio.

Allora, come vogliamo definire questo ebook? Un pratico manuale che, allo stesso tempo, è un romanzo autobiografico, con qualche accenno formativo riguardante temi come l'amore e il successo nell'attività professionale. Non so... andiamo avanti e mi verrà in mente qualcosa...

Mi piace catalogare le cose e dare loro un nome, mi ha sempre rassicurato questo modo di fare, ma nello stesso tempo il pensare a colori ben definiti come il bianco o il nero non mi ha mai permesso di apprezzare le sfumature, le tonalità di grigio. Perciò mi farà bene rimanere un po' in stand-by con questa definizione e lasciare che alcune cose arrivino a collocarsi in modo naturale, senza impacchettarle *a priori*.

Nasco da una famiglia semplice, papà operaio e mamma casalinga, dove i valori dell'amore e della famiglia sono sempre stati al primo posto. E fin qui tutto bene, perché mi hanno fatto diventare la persona che sono oggi. Ma a farla sempre da padrone, a casa nostra, è stato un altro concetto: il sacrificio! Vedevo mamma e papà lavorare sodo per poterci mantenere in maniera dignitosa e farci studiare. Così, a me e mia sorella di un anno e mezzo più piccola, raccontavano una vita piena di sacrifici ma ricca d'amore. Il denaro per loro è sempre stato nemico dell'amore, della lealtà e dell'onestà.

Penso di non aver mai conosciuto nessuno più onesto e più buono di mio papà; credo che i suoi pensieri non abbiano mai sperimentato nulla di negativo. E guardare i suoi occhi azzurri e limpidi, ormai segnati dall'età, mi emoziona ogni volta che lo incontro.

Mia mamma invece è stata una donna coraggiosa. Rimasta, da

bambina, orfana e letteralmente in mezzo a una strada, è riuscita a realizzare, seppure con sforzi sovrumani, quello che era il suo sogno: avere una bella famiglia unita e una vita dignitosissima. Lei sì che ha coronato il suo sogno. Tra l'altro mia sorella, a sua volta, ha una famiglia meravigliosa con due bambini straordinari e, quando ci ritroviamo uniti e felici tutti insieme, mi rendo conto di quanto mamma e papà abbiano costruito.

Ma nella mia mente c'era qualcosa che non quadrava: io volevo divertirmi, vivere la vita pienamente, scoprire e provare quante più esperienze possibili e non basare la mia esistenza sul sacrificio. Quello però era il mio format, l'ambiente in cui ero stata forgiata, per cui il risultato è consistito in una persona che lavorava sodo, sacrificandosi, ma che, invece di farlo per risparmiare, come facevano i miei genitori, lo faceva per vivere alla grande un sacco di esperienze!

Ovviamente, come da copione, ho studiato per diventare quello che non avevano avuto la possibilità di diventare i miei genitori. Non voglio rendere la cosa triste, perché non lo è stata; nella mia inconsapevolezza o consapevolezza di trascorrere una fase di vita, studiavo, ottenevo sempre ottimi voti e immaginavo me stessa, da grande, con la ventiquattrore impiegata presso una bella multinazionale.

Anche questo faceva parte dell'imprinting che derivava dal vissuto dei miei genitori, il "posto fisso". Per mia madre l'ideale era un impiego statale, con cui poter aver un "buon stipendio" per ottenere un mutuo e comprare una casetta. Mentre studiavo per raggiungere questo "sogno", già osservavo chi viveva in condizioni finanziarie diverse dalle mie. Mi piacevano i vestiti di qualità, mi piaceva viaggiare, insomma, permettermi già da giovanissima uno stile di vita diverso da quello a cui ero abituata. Pertanto dovevo inventarmi qualcosa.

Al sacrificio ero mentalmente già abituata perciò, quando ero alle scuole superiori, un paio di pomeriggi a settimana andavo ad aiutare delle persone con i lavori in casa. Così potevo comprare quei jeans firmati in più e andare a mangiare una pizza con gli amici. Gli status symbol per me, a livello intimo, non hanno mai contato nulla, e proprio perché ho sempre avuto grande consapevolezza di ciò che sono come persona, delle mie potenzialità, e un radicato senso della famiglia e dell'unione, non ne ho mai sentito il *bisogno*. Non sono *mai stata* la borsa della marca "X" che indossavo ma, proprio perché simboli di una vita più agiata, per me hanno sempre rappresentato un valore di riferimento per ciò che volevo diventare: una donna libera e felice in grado di vivere in maniera indipendente. Ma ancora non sapevo come fare.

Certo è che cominciavo, magari nel modo sbagliato, a *vivermi*, nel poco tempo libero che mi rimaneva, come volevo. Nel frattempo continuavo a immaginare me stessa, con un bel tailleur firmato, una splendida scarpa con il tacco e una bella borsa, entrare in quello che sarebbe stato il mio ufficio. Pensavo che a quel punto la mia vita sarebbe cambiata. Una volta diplomata, ovviamente con il massimo dei voti, ricordo che i miei genitori mi regalarono una deliziosa camicetta, mentre i miei amici ricevettero il "viaggio" post diploma.

Ero felice di quella camicetta, davvero, ma mi ripromisi di fare un viaggio di lì a poco, non appena avessi trovato un lavoro per potermelo pagare. Il mio sogno era l'Australia. A luglio sostenni gli esami e, nel mese di agosto, facevo già praticantato presso uno studio commerciale. Ed ecco sopraggiungere il dilemma: università sì o università no?

In un primo momento il sì vinse sul no, sia perché adoravo studiare, sia per compiacere il desiderio di mia mamma, ma mi resi subito conto che sarebbe stata dura affrontare gli studi mentre lavoravo e che se certamente mi avrebbero arricchita come persona da un punto di vista culturale, di contro non mi avrebbero aiutato velocemente a specializzarmi nel mio campo. Scelsi così di fare un corso di specializzazione di due anni per poi dare un esame statale che avrebbe dato maggior rilievo al mio diploma. Raggiunto anche questo traguardo, cercai uno studio professionale più grande per mettere a frutto ciò che avevo imparato.

Ricordo che, durante un colloquio, mi dissero che cercavano una persona con maggiore esperienza e io chiesi espressamente di poter lavorare senza essere adeguatamente retribuita per sei mesi – giusto un rimborso spese –, dimostrare loro di poter imparare perfettamente ciò di cui avevano bisogno e, solo allora, entrare a far parte dello studio. Non seppero dirmi di no e, trascorsi sei mesi, mi fecero il contratto a tempo indeterminato. Qui apro sul serio uno spunto di riflessione: tutti in quel periodo parlavano di crisi, di disoccupazione giovanile, usando proprio gli stessi termini che sentiamo oggi, identici!

Molti dei miei coetanei dicevano di non riuscire a trovare lavoro, e io ne avevo già cambiati diversi. Mi sentivo fortunata, ma solo adesso capisco che non c'era nessuna crisi diversa dalle difficoltà normali di tutti i tempi, di sempre, e che la mia non era fortuna ma semplice azione. Decidevo una cosa e, semplicemente, la facevo. Sembra facile detta così, e in effetti lo è, ma non è per niente facile. È semplicissimo mettersi a dieta, basta mangiare meno, ma non è facile a farsi. La cosa difficile è *sempre e solo* prendere la decisione di fare accadere le cose.

Quello che secondo me blocca la maggior parte delle persone – compresi i giovani – è la mancanza di azione. Sono in tanti a non essere contenti della propria situazione ma, non si sa perché, l'accettano. Ovviamente dando sempre colpa alle circostanze e mai a sé stessi. Magari sognano dei traguardi che desidererebbero raggiungere, ma poi non fanno nulla, ma proprio nulla per cambiare anche solo una piccola cosa che possa aiutarli ad andare nella direzione desiderata. È come se i sogni realizzati fossero solo per gli altri, solo appannaggio di alcuni.

Scrivo queste cose perché sono fortemente collegate alla parte successiva, quella che mi vede avere successo nel Network Marketing, ma le riprenderemo in seguito. La fortuna è un animale molto pigro che va a stare con chi fa, con chi agisce. Non ricordo mai di chi sono le frasi che cito, so solo che mi sono rimaste impresse e le ho fatte mie. Punto.

Ho conosciuto molte persone che leggono tanto, dicono frasi bellissime e ne sanno citare la fonte. Ma poi? Poi non sono per niente coerenti con quello che dicono. Scrivo in modo semplice come se parlassi a un amico, proprio perché il mio intento è quello di ispirare qualcuno che vuole cambiare ma non sa da dove partire. Il mio desiderio è solo quello di mettere la mia semplice esperienza al servizio, qualora possa servire, di chi vuole fare un piccolo passo in avanti verso il proprio sogno. Non ha importanza se sceglie di fare una cosa oppure un'altra, quello che mi piacerebbe trasmettere attraverso ciò che mi è successo è l'attitudine, l'atteggiamento che porta al successo, qualunque esso sia.

Facebook da questo punto di vista ci offre uno spaccato di realtà quotidiana. Ora non farò altro che smettere di scrivere, entrare nel social network e fare un "copia e incolla" di alcune frasi postate.

«Non è mai troppo tardi per fare scelte migliori».

«È vero. Quando pensi che la tua vita va sulla corsia della monotonia... in un millesimo di secondo ti arriva il flash che puoi migliorarla e anche le occasioni... è così».

«Per essere felici, bisogna scegliere bene dove portare i nostri pensieri».

«Se diventiamo responsabili e consapevoli delle nostre azioni, e delle loro conseguenze, allora diventiamo anche gli artefici del nostro destino».

«Ogni giorno dobbiamo avere rispetto per chi ci sta davanti ma, prima ancora, ogni giorno dobbiamo avere rispetto per noi stessi».

Ogni giorno si leggono moltissime frasi del genere, bellissime, intense, piene di significato, ma quando poi vai a domandare a coloro che le hanno scritte se sono felici, se sono soddisfatti della propria vita o se hanno realizzato i propri sogni, ti guardano come se fossi un marziano e, ovviamente, la risposta è un gigantesco no! Ma su questo punto torneremo nuovamente più avanti.

Torniamo alla mia storia. Dopo un po' di anni di pratica arrivai a lavorare come impiegata in una multinazionale americana. Wow! Il mio sogno che si realizzava: entrare in un bellissimo ufficio con il mio tailleur, i tacchi e la ventiquattrore! Ma non avevo fatto i conti con la realtà. Né la scuola né la famiglia mi avevano preparato al fatto che questa sarebbe stata solo una gabbia dorata.

Lavoravo otto ore al giorno e un'altra ora e mezza la trascorrevo in auto per andare e tornare dall'ufficio. Lo stipendio, pur essendo un buon stipendio, serviva giusto giusto per pagare il mutuo di casa (perché nel frattempo avevo comprato un piccolo monolocale per me), le bollette e la benzina. Per poter fare una visita medica, ad esempio, dovevo chiedere il permesso e la stessa cosa valeva se volevo andare in vacanza. Una vacanza che durava 15 giorni l'anno, di cui me ne godevo solo 7 perché poi cominciavo a pensare che sarei dovuta rientrare al lavoro per un altro intero anno.

Ho lavorato 10 anni così e, pur salendo di livello, lo stipendio non cambiava poi di molto e lo stile di vita che davvero desideravo era impossibile anche solo ipotizzarlo con quell'impiego, per quanto a lungo sarebbe durato. Quello a cui potevo ambire era solo uno stipendio, di minore importo, quando sarei andata in pensione. Ma tutte queste considerazioni mi sembravano normali, pensavo che tutto questo valesse per la maggior parte delle persone e che non dovevo lamentarmi perché avevo comunque già ottenuto più dei miei genitori.

Ma a me ancora non bastava. Mi chiedevo: la mia vita può essere tutta qui? Adoro viaggiare, visitare luoghi a me sconosciuti, conoscere nuove culture e sperimentare altri modi di abitare il pianeta Terra. Così, oltre a pagare tutte le spese quotidiane, non riuscivo a risparmiare quasi nulla per vivere questo tipo di esperienze. L'unico modo per raggiungere questo obiettivo era trovare una nuova fonte di reddito e così mi sono inventata un secondo lavoro. Essendo una ragazza carina, ho cominciato a lavorare come hostess e modella in eventi, meeting, fiere, convegni, servizi fotografici ecc. Tutto questo lo facevo nel tempo libero, quindi la sera quando uscivo dall'ufficio o durante il fine settimana.

Così facendo riuscivo a risparmiare qualcosa, anche se non avevo praticamente più tempo da dedicare a me stessa. Ma non volevo rinunciare ai miei sogni, per cui mi ritagliavo dei periodi di pausa per poter fare i viaggi che desideravo. Certo è che a volte in vacanza ero talmente stanca da vivere un po' a fatica anche il premio tanto agognato, però oggi posso dire di aver visitato un sacco di posti. Il mio primo viaggio importante è stato quello in Australia: all'epoca avevo 25 anni e sono partita da sola, con il mio walkman (allora la musica si ascoltava così) e un libro di cui ricordo ancora il titolo: *Il lupo della steppa* di Herman Hesse.

Ventisei ore di volo e ventuno giorni di vacanza dall'altra parte del mondo per starmene un po' sola con me stessa. Wow! Avevo realizzato il mio sogno e questo mi rendeva felice. Avevo raggiunto il mio obiettivo, come sempre nella vita, e così davo un senso alla stessa. Oggi posso fregiarmi di aver girato molto il mondo e di aver visitato tantissimi luoghi oltre all'Australia.

Come per i viaggi, nella mia vita ho fatto così anche per un sacco di altre cose che desideravo. Amo ballare e volevo diventare una ballerina, ma da piccola non avevo potuto studiare danza per cui, all'età di 18 anni, con il mio primo stipendio mi sono iscritta a una scuola di danza e ho cominciato. Ero già grande, ma non importava, ci ho messo tutto l'impegno e la passione di questo mondo, fino ad arrivare a ballare nei teatri, quelli veri. Nei saggi che facevamo ero quasi sempre in prima fila a ballare sul palco. E poi ho cominciato a impegnarmi maggiormente con lo sport e a fare gare di aerobica, fino a prendere il diploma per insegnare nelle palestre come secondo lavoro.

Ho preso il brevetto da sub, ho imparato ad andare con lo snowboard sulla neve (anche se non bene), ad andare in moto ecc. Ho imparato, imparato, imparato. E così facendo raggiungevo tutto ciò che desideravo. Vivevo! Sono cresciuta contenta dei miei risultati, ovviamente, ma il "sacrificio" continuava ad accompagnarmi in ogni passo che avanzavo.

Ho fatto un bel tuffo nel passato! Ma adesso torniamo al presente, o meglio al momento in cui qualcosa nella mia vita ha preso una piega differente. Qualche anno fa, lavoravo come dipendente in una multinazionale parafarmaceutica e, come secondo lavoro, facevo appunto l'hostess in meeting, congressi ed eventi. Mi contattò un'agenzia per propormi di lavorare un fine settimana, a Roma, in un corso di formazione su come crearsi entrate automatiche con gli immobili. Dovevo semplicemente stare su un lato della sala con un microfono e intervenire nel momento in cui la platea doveva fare domande all'oratore.

Quel sabato ero veramente stanca e andai a lavorare con la speranza che il tempo passasse il prima possibile. Ma, quando l'oratore cominciò a parlare, ne fui rapita, mentre l'altra ragazza che lavorava insieme a me dall'altro lato della sala, sbadigliava annoiata. Era un corso costoso e non avrei potuto permettermelo, per cui decisi di approfittare della situazione e stare ad ascoltare.

Sul palco si alternavano varie figure professionali, dall'avvocato esperto in immobili, al giovane imprenditore rampante esperto in aste immobiliari, al broker finanziario fino al formatore che firmava il corso e che parlava di un concetto per me nuovo, malgrado ne facessi pienamente parte: la famosa "ruota del criceto".

Raccontava di come la maggior parte delle persone viva in una morsa, in un meccanismo in cui ci si sveglia presto la mattina per andare al lavoro, si compie un tragitto – in treno, in automobile o come sia – che per molti dura anche svariato tempo, per essere impegnati otto ore al giorno con qualcuno che impone cosa fare e a cui si deve chiedere il permesso per una visita medica o per andare in vacanza, per poi ritrovarsi la sera a casa stanchi davanti alla TV, una TV che, con il suo palinsesto e le sue news, non fa altro che farti credere e rafforzare il concetto che la vita sia questa. Punto.

La definiva "ruota del criceto", quella su cui corri, ma rimani sempre allo stesso punto. Ascoltavo quello che diceva e sentivo dentro di me salire una strana emozione, un misto di rabbia e felicità per avere finalmente capito dov'era l'inghippo. Era da molto tempo che desideravo vivere diversamente, ma non sapevo come fare. Eppure mi davo un gran da fare e ottenevo successi in tutto ciò in cui mi applicavo, ma sempre con gran fatica e non riuscendo mai a raggiungere appieno quello che immaginavo per me. A volte pensavo di essere un po' bambina, per alcuni aspetti, una bambina visionaria, e quindi mi imponevo di rientrare nei ranghi, quelli in cui ci mettono fin da piccoli, a cominciare dalla scuola.

Solo ora ho la consapevolezza che l'essere visionaria ha comunque sempre donato brio alla mia esistenza, e oggi è diventato il mio ingrediente per avere una vista spettacolare. Forse per questo sono da sempre così curiosa, per questo non ho seguito mai una religione, un singolo cantante o un genere musicale, un'ideologia politica... Adoro cambiare idea, scoprire cose nuove e solo dopo stabilire se mi fanno stare bene o no. Questo è il mio unico spartiacque.

Si dice che quando l'allievo è pronto il maestro arriva: io ero pronta, desiderosa di scoprire come vivere una vita di successo e la vita mi aveva donato il maestro. Ricordo ancora quando andai a parlargli durante una pausa per chiedergli come avrei potuto fare per cambiare la mia vita. Mi guardò attonito e mi rispose che sarebbe bastato *fare* quello di cui si stava parlando in quel corso; poi mi presentò uno dei suoi coach per fare un'ulteriore chiacchierata. Simone, questo è il nome del coach immobiliare che mi presentò e con il quale tutt'oggi vivo e condivido gran parte di ciò che andrò a raccontarvi. Per farla breve, chiesi di poter avere il libro relativo al corso al quale avevo partecipato mentre lavoravo e, tornata a casa, cominciai a studiare.

Chiamai l'agenzia di eventi per la quale avevo svolto questo lavoro e chiesi loro se potevo partecipare come hostess anche al corso avanzato. Mi dissero che si sarebbe tenuto a Milano e che lì avevano già hostess a disposizione alle quali non avrebbero dovuto pagare la trasferta. Dissi loro che mi sarei pagata l'albergo e il viaggio perché in questo modo avrei coperto le spese con il loro compenso ma, allo stesso tempo, avrei potuto seguire un corso interessante che diversamente avrebbe avuto un costo troppo elevato per le mie tasche.

L'agenzia accettò e mi mandarono nuovamente in sala con il microfono. Ricordo ancora la faccia del formatore sul palco quando entrai dalla porta con il mio microfono, ma soprattutto con la voglia di dare *davvero* una svolta alla mia vita. La sera andai a cena con un po' di corsisti e cominciai a parlare con loro di quegli argomenti: immobili, aste immobiliari, società immobiliari ecc.

Tornata a Roma, decisi di smettere di fare l'hostess nel mio tempo libero e di utilizzarlo invece per cercare immobili potenzialmente buoni per poter guadagnare soldi. Era aprile quando andai a quel corso a Milano e ricordo che il formatore mi disse che in due mesi, se mi fossi impegnata, avrei trovato un'operazione immobiliare interessante. Ricordo che gli risposi che due mesi mi sembravano pochi e che soprattutto non possedevo soldi per fare alcuna operazione. Lui mi disse: se l'operazione è buona, i soldi si trovano, non sono mai un problema.

A luglio trovai una casa da frazionare in due appartamenti con un discreto margine di guadagno, ma ecco sopraggiungere la domanda: come faccio ad acquistarla? Considerando che all'epoca con lo stipendio dovevo pagare il mio mutuo e la rata della macchina, e che non avevo capitali da parte, non sapevo come risolvere la cosa. Ma la voglia di sperimentarmi in questo nuovo business e, soprattutto, di cambiare vita fece sì che la vita stessa mi rispondesse di nuovo in maniera positiva.

Uno dei corsisti che avevo conosciuto a Milano mi scrisse una mail chiedendomi come andavano le cose dopo il corso e io gli raccontai dell'operazione che avevo trovato e del fatto che non avessi idea di come portarla a compimento. Lui mi disse che, facendo il commercialista a Trento, le banche si fidavano di lui e avrebbe potuto chiedere il capitale necessario visto che la cosa gli interessava parecchio. In quanto a operazioni immobiliari, ovviamente Roma offriva più di Trento e a lui avrebbe fatto piacere entrare in società con me. Il 5 agosto 2008 sono partita per Trento e abbiamo creato la nostra società immobiliare, dove inizialmente lui metteva il capitale con le sue banche e io il mio lavoro sul campo per cercare e gestire le operazioni a Roma.

Successivamente ho venduto la mia casa e abbiamo pareggiato il nostro capitale al 50%. Da che non avevo i soldi per cambiare la mia vita, è nata una grande opportunità e oggi, da dipendente che ero, sono diventata imprenditrice! Ho lasciato la società per cui lavoravo nel febbraio 2009. Ero felice, stavo dando un taglio netto a quello che fino ad allora era stato il mio *modus vivendi* e tutti intorno a me erano terrorizzati.

La mia famiglia non poteva credere che stessi buttando all'aria un "posto" che avrebbero voluto in tanti e le mie amiche mi chiedevano come avrei fatto quando sarei rimasta incinta. Chi mi avrebbe pagato la maternità? Pensate a come ci incanalano nel sistema creando una serie di paure che ci terranno per sempre fermi in un punto... Mamma mia, a cosa sono scampata! La mia maternità la vivrò serenamente gestendo il mio lavoro in maniera autonoma, potendo stare a casa quando voglio e provvedendo da sola a sostenermi economicamente. Così avrò più tempo anche per godermela. Nell'altro caso chi mi avrebbe pagato la maternità? L'azienda? Sì certo, l'esborso sarebbe stato un loro onere, ma si sarebbe trattato solo di un baratto con il mio lavoro svolto da sempre e per sempre, con una pausa di qualche mese concessa solo per l'allattamento. Volete dire che ne sarebbe valsa la pena?

Oggi che vedo le cose in un altro modo, non riesco proprio a comprendere come una mente in grado di fare e creare davvero qualsiasi cosa possa essere così imbambolata da non vedere chiaramente il dono che ha ricevuto: la vita! Ancora una volta, nel mio cammino, avevo ottenuto ciò che desideravo, ma ora cominciava ad accadere in un modo differente!

Quando desideri veramente qualcosa, nel senso che la senti veramente tua, gioisci al solo pensiero e cominci a *fare*, per cui ti metti in azione anche se non sai bene come fare per ottenerla; prima o poi la natura risponde al tuo richiamo, alla tua energia e fa in modo che succeda! Come dicevo prima, non sono religiosa, perciò la prima volta che sono venuta a conoscenza di tutto questo mi sembrava assolutamente assurdo e, con il mio scetticismo, mi dicevo che tutto dipende solo dalla nostra volontà e dalla nostra determinazione.

È assolutamente vero! La volontà, quella vera, quella che rappresenta la decisione presa, incarna quell'energia che si espande verso il mondo. E, su questo, niente da obiettare: che l'energia esista su questa Terra e appartenga a ogni cosa è provato. Che la determinazione sia d'obbligo è altrettanto vero, perché senza di essa non si passa all'azione e soprattutto non la si porta avanti. Cosa c'è allora di diverso da quanto pensavo io? Il fattore *gioia* da sostituire alla parola *sacrificio*.

Non è un concetto surreale, è solo che, se è vero che da noi parte l'energia, quanto più le sensazioni che si espandono sono positive, tanto più arrivano, dalla vita stessa, risposte positive: è semplicemente una legge naturale. Essendo in quel periodo piena di entusiasmo e aperta a qualsiasi possibilità di miglioramento mi si prospettasse, cominciai a sentir parlare di Network Marketing e di come crearsi entrate automatiche. Il mio socio era già in un Network e me ne parlava, mentre Simone, che ne sapeva già qualcosa, mi diceva che avremmo dovuto pensarci seriamente. Finché un giorno, tramite il formatore da cui avevo imparato già molto, venimmo a conoscenza di un altro Multilevel Marketing in cui lui era inserito.

Mi presentò due persone ancora più autorevoli nel campo e decisi di partecipare a un meeting di due giorni che si teneva a Milano per sentire di che si trattava. Era il febbraio 2010 quando partecipai a quell'incontro e decisi di partire. Dopo due anni, sono qui a scrivere queste righe che mi vedono protagonista di questa magica esperienza.

Quindi partiamo da zero, o meglio, vediamo insieme come, partendo da zero, si possano raggiungere importanti traguardi personali ed economici. La prima cosa che ho scoperto del Network Marketing è che non occorre avere soldi per cominciare, perché è veramente alla portata di tutti. Nel caso del Network che ho scelto, si paga una piccolissima cifra per comprare quattro prodotti base da provare per poi cominciare l'attività. Per cui possiamo dire che si parte tutti dallo stesso punto, senza privilegi, scorciatoie o favoritismi. E, soprattutto, in qualunque punto della vita ci si trovi, si può dare il via a un'attività imprenditoriale in grado di cambiare la propria esistenza.

In cosa consiste, nello specifico? Nel creare una rete commerciale di proprietà in grado di generare una rendita mensile. Entriamo più nel dettaglio con la mia esperienza. Partecipai al corso di formazione e decisi di acquistare subito il kit con i prodotti del Network che avevo scelto. Lo feci direttamente quel giorno, a

Milano, alla fine dell'evento. Quindi, decisione e poi immediatamente prima azione.

Iniziai a usare i prodotti e a trarne beneficio, per cui, semplicemente, come per tutte le cose che ci piacciono, non feci altro che cominciare a condividerli con i mei amici, i miei familiari e le persone più vicine a me. In un primo momento il risultato non è stato quello sperato, perché il fine delle mie chiacchierate era riuscire a far provare il prodotto alle persone a cui tenevo.

Ma fu un errore. La prima cosa da fare, in questo tipo di attività, è spogliarsi dei panni di venditore e, tornando a quello di cui parlavamo poc'anzi, trasmettere a livello energetico, quindi in maniera veramente sentita, ciò che di positivo è successo a noi. Le persone che ci circondano sentono e percepiscono più quello che sentiamo di quello che diciamo a parole.

Ed ecco presentarsi il primo esercizio di crescita personale: imparare a *sentirsi*, *percepirsi* ed essere coerenti con quello che si prova e quello che si racconta. Se ci si focalizza sull'esito della chiacchierata, in questo caso sulla vendita del prodotto stesso, dall'altra parte verrà percepito esattamente, a livello inconscio, il nostro pensiero ricco di ansia. Il punto è imparare a stare bene con sé stessi – in questo caso con il prodotto – e, quando esce l'argomento con qualcuno che è *interessato* ai risultati, condividere la propria esperienza. Proprio come quando si va al cinema a vedere un bel film e lo si consiglia a chi *vuole* andare al cinema a vedere un bel film!

Sembrano considerazioni banali, ma fanno una grande differenza in quest'ambito. Una delle cose che mi ha affascinato fin da subito del Network Marketing è proprio l'aspetto che riguarda la crescita personale. In questa attività impari a comportarti, a relazionarti con gli altri e, soprattutto, con te stesso, a convivere con le frustrazioni tenendole a bada, a porsi un obiettivo, chiaro e specifico e a monitorare la rotta del proprio viaggio per raggiungerlo. Insomma, si cresce come persona.

A volte è dura, non lo nascondo, perché ancora non sono in grado di avere una visione completa. Ho cominciato a sperimentare l'approccio con gli altri e, man mano che cresceva il numero di persone che utilizzava il prodotto, e la mia organizzazione diventava più ampia, la mia autostima saliva. Fin dall'inizio comunque, non ho fatto altro che *fare* ciò che mi suggerivano persone con molta più esperienza di me nel campo.

Parlavo con le persone, facevo meeting, pur non sapendo fino in fondo cosa dire perché ero alle prime armi, ma mi buttavo, tentavo, spesso sbagliando, cadendo e rialzandomi. I miei obiettivi erano chiari e volevo raggiungere un importante step nel mio sistema, ma in questa attività si cresce insieme agli altri, il contrario di ciò che succede nei sistemi tradizionali di lavoro.

Quando incontro persone che mi dicono: «Ah sì, il Network Marketing, una piramide...» rabbrividisco al solo pensiero di quella che era davvero una piramide: il lavoro da dipendente, con un capo che sta sopra di te, ti paga per le tue prestazioni e da cui dipendi totalmente per ogni cosa. Nella mia attuale attività, invece, cresci solo se aiuti gli altri a crescere, cosa che ti gratifica immensamente al di là della parte economica che, tra l'altro, non si può rapportare a nessun altro lavoro se si considera il rapporto tra il tempo impiegato e il guadagno". Nel Network Marketing c'è il fattore duplicazione che non ha eguali in nessun altro ambito, sia imprenditoriale sia professionale.

Oggi la mia vita è magica e divertente, mentre prima ogni giorno era uguale: sveglia la mattina presto, tragitto imbronciato nel traffico, stesso lavoro per otto ore, rientro imbronciato a casa nel traffico, poco tempo libero e poco guadagno. Oggi mi sveglio quando voglio, felice, non sapendo come si svolgerà la mia giornata, quello che mi aspetterà, le persone che incontrerò, quelle che potrò aiutare o che aiuteranno me. E poi i guadagni, che mi permettono veramente di godere appieno di ciò che desidero, *in primis* lo sport e il tempo libero.

Ovviamente nelle mie giornate resto focalizzata sull'impegno preso. Ricordo che un giorno dissi alla persona che è in up-line e che mi dà più spesso consigli, essendo inserita nel Network da 20 anni: «Come posso fare a raggiungere la qualifica che voglio con un'organizzazione ancora così piccola?». Mi rispose: «È qui che sbagli. Stai guardando con gli occhi di oggi, non stai vedendo chiaramente quello che vuoi. Se continui a chiedere focalizzandoti sulla situazione attuale, la natura ti darà quello che senti, alla lettera, per cui l'attesa di qualcosa di diverso. Se invece ti vedi, immagini chiaramente dove sarai, come sarai, che organizzazione avrai quando avrai raggiunto quella qualifica, la natura ti donerà quello che vedi e che senti tuo. Nel frattempo sii sempre coerente con il messaggio che dai agli altri e comportati dando sempre per prima il buon esempio. Se tu fai, invece di dire, gli altri faranno».

Un concetto bellissimo, ma come attuarlo? Mi sembrava veramente impossibile immaginarmi così in alto, del resto ero solo agli inizi, ma alla fine ho cominciato addirittura ad addormentarmi con questo pensiero. Mi vedevo salire sul palco per la premiazione, immaginavo ogni dettaglio, come ero vestita, i miei genitori in sala che si commuovevano, persino la musica che avrebbe suonato mentre salivo sul palco. E mi commuovevo, mi scendevano le lacrime, ero felice come se fosse vero!

Intanto continuavo a fare il mio lavoro, facevo ciò che dovevo fare e seguivo i suggerimenti dell'azienda nel compiere quelle azioni che mi avrebbero portato al successo. Sapete com'è andata nella realtà? Dopo poco tempo, esattamente un anno da quando avevo cominciato questa attività, ho raggiunto il primo importante traguardo a livello di carriera in questa azienda. La premiazione sul palco è avvenuta esattamente come nei miei sogni, in ogni particolare che avevo immaginato e i miei genitori, commossi, hanno finalmente capito e apprezzato quella scelta che poco tempo prima era sembrata loro azzardata. Una commozione infinita e una soddisfazione difficile da raccontarvi. Da lì ho cominciato a essere un punto di riferimento per tanti e ho dato vita, a Roma, al mio corso di formazione, che tuttora è frequentato da molte persone dell'ambiente.

Il bello è che potete scegliere: avete tutti gli strumenti a disposizione e decidete voi come e quando usarli a seconda di dove volete arrivare e in quanto tempo. Non avete nessuno che vi dica cosa dovete fare, avete solo una tabella di marcia e, a seconda di come decidete di procedere, otterrete risultati più o meno velocemente. Il fatto di non avere un capo che vi induce a fare determinate azioni, conduce al rischio di adagiarsi; perciò ecco un altro insegnamento: *autodisciplina*!

Questa attività è magica, vi dà per quanto chiedete e siete disposti a fare per ottenerlo. Essendo per definizione uno dei modi per crearsi una rendita automatica, il Network Marketing è da tanti scambiato come il sistema in cui, appena entrate, subito avete qualcuno che lavora per voi. Questo *modus operandi* ricorderebbe sì una piramide, se non fosse che, invece, in questa realtà, se non fate nulla e non giocate il gioco come tutti, non prendete proprio un bel niente.

Dov'è la differenza allora con un qualsiasi altro impiego? Che nel sistema tradizionale siete pagati per il tempo impiegato a svolgere una qualunque attività. Nel Network Marketing, la cosa interessante è che l'impegno che mettete nell'agire è ovviamente limitato dal tempo, ma essendo una rete di persone che lavora per uno scopo comune, il vostro guadagno sarà in proporzione al lavoro svolto da tutti e non più solo da voi stessi, il che duplica incredibilmente i guadagni.

Per cui, compreso questo punto, lo stimolo che mi spinge a impegnarmi molto in questa prima fase è che, quanto più mi impegno a creare una rete di distribuzione, tanto prima le mie entrate automatiche diventeranno cospicue. In questo momento, sebbene il mio stile di vita sia cambiato rispetto a prima perché non devo rendere conto a nessuno di come impiego il mio tempo, sto comunque, per mia scelta, spendendo molte energie per far sì che quanta più gente possibile entri in contatto con questa realtà.

Il mio vuole essere un cammino "veloce" non solo perché, come dicevo prima, i risultati saranno maggiori in breve tempo, ma anche perché mi fa sentire viva! Sono giovane e ho sufficienti energie per vivere la vita al massimo, in tutto ciò che faccio, e questo non mi stanca, mi gratifica. Mentre scrivo queste pagine nel mio tempo libero, ovviamente tutto procede nelle mie giornate, perciò prendo spunto da ciò che mi capita per raccontarvelo.

Ieri ero in giro a fare shopping, come sempre indossando una spilla che richiama il brand dell'azienda con cui ho scelto di fare Network Marketing, e due commesse in un negozio in cui stavo provando dei pantaloni mi hanno *chiesto* informazioni a riguardo. Ho cominciato a spiegare di cosa mi occupo dando loro un accenno sui prodotti, ma subito mi hanno detto che da lì a poco quel negozio avrebbe chiuso e loro sarebbero rimaste senza un'occupazione. Avrei potuto aiutarle anche da un punto di vista economico, per cui le ho invitate a partecipare a un nostro seminario e vedere di cosa si tratta.

Durante la chiacchierata le due ragazze sembravano entusiaste di avermi incontrato, mi raccontavano di essere abbrutite da una quotidianità che non le vedeva mai libere di godersi una giornata a casa in famiglia quando lo desideravano, o di potersi prendere del tempo per fare quello che volevano... Insomma, erano ben posizionate sulla solita ruota del criceto di cui parlavamo poc'anzi. Ho lasciato loro i riferimenti del seminario e, sui loro volti, un sorriso grande che presagiva la voglia di un cambiamento.

Secondo voi le ho riviste al meeting? *No*. Il messaggio di una di loro diceva: «Scusa ma non sono riuscita a organizzarmi». Ah le circostanze! E sono sicura che non lo farà mai e che non la rivedrò più. Perché ne sono sicura? Perché è così che funziona per la maggior parte delle persone. Sono assorte nel loro mondo, che spesso è anche triste, ma non sono disposte a dare una svolta, a impegnarsi per cambiare qualcosa, anche solo mentalmente.

Un intero week end impegnato nella formazione spaventa più di un'intera vita di catene. La maggior parte delle persone vede il sabato e la domenica come un'isola felice, due giorni in cui riposarsi da una dura settimana di lavoro, due giorni da impiegare per fare ciò che si vuole e che, nella maggior parte dei casi, si traduce nello stare ore davanti alla TV, andare a fare un giro in un centro commerciale o, se è estate, buttarsi in uno stabilimento balneare gremito di gente.

E pensare che la mia vita è cambiata proprio perché durante quel corso di formazione in cui stavo lavorando come hostess sono stata ad ascoltare quello che dicevano gli oratori. Come si fa a non essere curiosi, a non volersi dare un'opportunità? Io non riesco proprio a comprenderlo. Anche se può non interessarvi l'idea del Network Marketing, potrete stabilirlo solo dopo aver sentito di che si tratta, visto che i più ne hanno solo sentito parlare per sommi capi.

La moltitudine crede che sia un'attività di *vendita* e per me questo è lo scoglio più difficile da superare. Nel mio modo di fare e di vivere la vita, l'entusiasmo mi porterebbe a gridare a tutti: «Ma come fate a non vedere che parliamo di tutt'altro business?» Ma non è così che risulterei efficace.

Una delle cose su cui sto lavorando a livello di crescita personale è proprio il modo di comunicare, di relazionarmi portando avanti la passione per ciò che faccio, ma tenendo in considerazione che il mio punto di vista si discosta parecchio dalla "massa" – che non vuole essere un termine dispregiativo, ma solo una definizione di comportamento comune. Racconto liberamente lasciando scorrere su carta i miei pensieri e finora ho raccontato quelli che rappresentano i primi passaggi del Network Marketing:

- Prendere la decisione.

- Imparare a fissare un obiettivo.

- Mettersi in azione con le prime cose da fare.

- Usare il prodotto.

- Condividerlo con chi è interessato ai risultati.

- Invitare le persone che vorrebbero saperne di più del business a partecipare a un corso di formazione per vedere di cosa si tratta.

- Imparare a gestire le frustrazioni (come ad esempio il fatto che inviti una persona per darle quest'opportunità e quella la rifiuta). Dobbiamo imparare che il rifiuto non è mai personale; non dobbiamo prendercela, la moltitudine rifiuta il cambiamento perché è così che ci è stato insegnato fin da piccoli dalla famiglia, dalla scuola, dai media ecc.

- Diventare una "persona diversa" per passare allo step successivo.

Apro di nuovo una parentesi in quanto, proprio in questi giorni, ho voluto nuovamente confrontarmi con chi ha più esperienza di me. A volte mi capita ancora di sentirmi inadeguata perché, malgrado il successo che sto ottenendo nella mia attività, ancora non ho raggiunto l'identità della "donna d'affari" che invece chiunque in questo ambito può diventare.

Secondo me vesto ancora i panni della venditrice, di colei che vorrebbe coinvolgere tutti perché consapevole dei grandi risultati che si possono ottenere. Questo mi mette ancora nella posizione di "spiegare" per poi coinvolgere. Lo step a cui voglio arrivare è quello della giusta consapevolezza interiore per riuscire semplicemente a trasmetterla senza troppe parole. Non c'è proprio nulla da "spiegare", c'è da vivere con impegno ciò che si fa ed essere di esempio per gli altri. Punto. Altro grande insegnamento al livello di crescita personale: *autorevolezza*!

Come potrebbe una persona, seppure amica, darmi consigli sull'amore se la sua relazione di coppia non funziona? Come potrebbe una persona che non è riuscita ad affermarsi economicamente nella vita darmi consigli finanziari? Come potrebbe una persona non sportiva dirmi quali sono i giusti esercizi fisici da fare per stare in forma? Finché sarò intenta a "spiegare", come fa la "massa" riguardo ogni cosa – politica, sport, relazioni ecc. – senza essere riuscita in niente di tutto ciò, non potrò fare quel passo avanti verso il successo.

Sto imparando a tirarmi indietro da quelle situazioni in cui davvero c'è poco da dire, lasciando che sia solo il mio stile di vita a parlare. Sto imparando a tenere a bada la bimba che è in me, non perché voglia smettere di esserlo – anzi spero di arrivare in punto di morte con lo stesso spirito – ma perché in certe occasioni vorrei che si cominciasse a vedere "naturalmente" la mia nuova condizione di imprenditrice.

Perché è questo che diventi a tutti gli effetti quando cominci a fare carriera nel Network Marketing. E, se sei donna, è ancora più appagante, visto il nostro retaggio culturale. Ti sei separata, hai figli e non sai come rimetterti in gioco? Vieni, come me, da una famiglia semplice dalla quale economicamente non hai ereditato nulla ma vorresti tanto aprire una tua attività? Sei intraprendente e vorresti vederti su un palcoscenico a parlare a una moltitudine di persone? Il tuo più grande desiderio è quello di poter aiutare quanta più gente possibile? Vuoi crescere, oltre che professionalmente, come persona ed evolverti a un livello superiore di consapevolezza creandoti nuove verità e credenze? Vuoi persino essere più bella e affascinante? Vuoi incontrare nuove persone e relazionarti con loro? Tutto questo è possibile e anche in breve tempo! Ma solo se *lo vorrai davvero*!

E non si tratta di una frase motivazionale o di qualcosa di astratto perché, credetemi, io sono una persona molto pragmatica, ma ho fatto mia la frase di Ford: «È nel momento delle decisioni che si crea il tuo futuro». È davvero tutto lì, il resto si impara come qualsiasi cosa nella vita.

Vi faccio un esempio pratico riallacciandomi a quanto vi ho raccontato di quelle due ragazze che lavoravano nel negozio di abbigliamento. La ragazza che sembrava essere più intraprendente mi aveva detto che sarebbe venuta al meeting per saperne di più e che era felicissima di avermi incontrata. Se foste stati lì avreste sentito quanto il suo livello di entusiasmo fosse alle stelle. In quel momento qualcosa dentro di lei si era smosso e il fuoco interiore che dà il via a tutto nella vita (anche in amore) si era acceso.

Per funzionare nel concreto, quella passione avrebbe dovuto *semplicemente* tramutarsi in azione! *Tutto qui*. Se questa ragazza si fosse organizzata, e sappiamo tutti che se ci fosse stata una reale volontà avrebbe potuto farlo, qualsiasi fossero state le circostanze esterne, che per definizione stanno fuori da noi, avrebbe potuto trarre un grandissimo vantaggio da quelle due giornate.

In qualche modo avrebbe conosciuto un modo diverso di vivere la vita lavorativa che, a suo dire, non certo mio, in quel momento non la soddisfaceva. Una volta scoperto il modo, sarebbe stata una passeggiata imparare come farlo funzionare. Del resto

45

immagino che nel suo primo giorno d'impiego le avranno spiegato come vendere i capi, come usare la cassa, come fare la chiusura della giornata ecc.

Allo stesso modo, una volta presa la *decisione* di partecipare al corso, tutto sarebbe stato in discesa, perché imparare fa parte della nostra vita, qualunque essa sia. Sapete a oggi quali saranno le sorti di questa ragazza? Se nulla cambia nel suo modo di pensare, al di là del fatto che si trovi da un giorno all'altro senza lavoro, continuerà a vivere in una routine che non le piace, stretta dalla morsa del tempo che inesorabilmente scorre e la farà invecchiare, pensando che là fuori tutto è negativo e che se questo è il risultato della sua vita è solo perché là fuori tutto va storto. Là fuori semplicemente tutto va avanti, e sta semplicemente a noi scegliere su quale treno salire.

I due giorni di meeting le sembravano in quel momento tempo perso rispetto al suo tran tran quotidiano ma, così facendo, finirà per perdere tutta la sua vita. Vedete com'è facile imparare a usare le *nostre* decisioni, e non quelle che vengono dalle circostanze in cui viviamo. Ma, su dieci persone così strutturate, ce n'è sempre una che si erge dal gruppo e che vuole fare la differenza, e avere in downline persone che la pensano differentemente da quella ragazza, ha fatto sì che anche io la facessi.

L'organizzazione è cresciuta ancora e mi sono posizionata, in termini di fatturato, a 3 volte tanto il primo grande step raggiunto da non molto. Questo mi sta sempre più avvicinando al secondo importante traguardo che voglio raggiungere in termini di carriera nel Network Marketing. Continuo al lavorare su me stessa per vedermi e sentirmi già quel tipo di persona e, per farlo, osservo chi è già in quella posizione e reputo autorevole.

Guardo come si veste, come si muove e come parla sul palco e in mezzo agli altri. Osservo tutto e lo faccio mio. Se volete diventare una persona di successo, dovete stare con persone di successo, il che non vuol dire andare a bussare alla loro porta, ma imparare a fare quei piccoli cambiamenti che vi avvicineranno a loro; a quel punto potrete assorbire tutto ciò che è necessario fare per arrivare al loro livello.

Sapete che diversi di quegli uomini di affari che ho incontrato al corso quando ero una semplice hostess oggi fanno parte della mia organizzazione? Gli speaker che si avvicendavano sul palco, e che vedevo come persone assolutamente di successo, oggi sono nella mia downline e questo per me rappresenta un enorme traguardo. Essere leader, a mio parere, non significa solo "guidare" gli altri come verrebbe da tradurre dall'inglese (*to lead*), per me vuol dire essere una bella persona, integra, che è semplicemente d'ispirazione agli altri... E tutto, prima o poi, accade.

Nel Network Marketing mi sono resa conto che, per quanto si possa fare e aiutare gli altri a fare, all'interno dell'attività, il primo passo è cercare di essere sempre a posto con sé stessi, e non solo nel business, ma in tutti gli aspetti della propria vita. Se avete una vita meravigliosa, la vita vi risponderà con altra meraviglia. Le persone ci guardano sempre, ci respirano, gli altri percepiscono sempre e solo la verità e in questo modo scelgono se affidarsi o meno a noi.

Io e Simone viviamo una vita davvero extra ordinaria; siamo molto innamorati, adoriamo trascorrere tempo insieme sia per divertirci sia per lavorare, ma le due cose non sono quasi mai separate. Ogni giorno per noi è un dono, davvero, e lo viviamo pienamente. Cerchiamo di prendere sempre il meglio dalle situazioni, anche quelle meno gratificanti e, insieme, guardiamo al successo.

Il che non significa necessariamente che guardiamo al successo economico, ma al raggiungimento di quelli che sono i nostri desideri e i nostri sogni, e lo facciamo divertendoci. Simone, come vi ho raccontato, è nel campo immobiliare; l'ho conosciuto a quel famoso corso di formazione e, dopo mesi, mentre cominciavo ad addentrarmi anch'io in quell'ambito e davo il via alla mia società immobiliare, è iniziata la nostra relazione. Lui ha poi scelto di fare Network Marketing con me, anzi è stato proprio lui a spingermi verso questa attività che reputa geniale, e ne è sempre più partecipe attivamente. Questa estate siamo stati premiati, dall'Azienda di Network Marketing in cui siamo inseriti, per il risultato che abbiamo ottenuto nell'anno e siamo andati alle Mauritius. Una delle più belle vacanze mai fatte!

Dietro di noi c'è una multinazionale americana quotata presso il NYSE, sul mercato dal 1980, e presente, a oggi (2012), in 85 paesi del mondo, con uno staff medico-scientifico di altissimo livello preposto alla creazione dei nostri prodotti, e che nell'ultimo anno ha aumentato il volume di affari di 1.100.000$ con un incremento del 25% durante un periodo di crisi mondiale. Questo fa sì che ogni vacanza offerta sia qualcosa di unico, speciale, meraviglioso.

Così è stato il nostro soggiorno alle Mauritius: indimenticabile. Era tutto perfetto, dall'accoglienza in aeroporto per la partenza, ai due splendidi resort che ci attendevano lì, alla serata di gala organizzata sulla spiaggia... Insomma, una vacanza da sogno. Fra poco partiremo per Marrakech perché ci siamo qualificati anche per questo viaggio; ma per noi è sempre così, un misto di divertimento e lavoro, anche perché l'ambiente ci piace moltissimo. All'interno del gruppo abbiamo ovviamente fatto nuove amicizie e abbiamo molti stimoli. La nostra è una continua scoperta. A settembre di quest'anno, abbiamo deciso di sposarci e abbiamo organizzato il nostro matrimonio in casa, un casale antico ereditato dalla famiglia di Simone.

Avevamo scelto, come giorno per celebrare la cerimonia, il

giovedì e lo avevamo comunicato anche a tutti i nostri nuovi amici che venivano da Milano. Però quattro giorni prima, esattamente la domenica precedente all'evento, le previsioni preannunciavano un tempo bruttissimo per la giornata di giovedì. Così, per non rovinarci quella che avrebbe dovuto essere una festa tutta all'aperto, abbiamo deciso di cambiare giorno e anticiparlo a mercoledì, giornata migliore dal punto di vista meteorologico.

Credo che in molti si sarebbero fatti prendere dal panico davanti a una cosa del genere, invece noi, con calma e anche un po' divertiti dalla buffa situazione, abbiamo cominciato a telefonare ai nostri 140 invitati per anticipare il matrimonio di un giorno. Nessuno credeva che potessimo fare una cosa del genere. Ma tutto è possibile se decidi che *si può fare*.

Il risultato è stato che nemmeno un invitato è mancato alla festa, che peraltro è stata fuori dall'ordinario; e credetemi, non perché fosse la nostra festa. C'era qualcosa di magico in quell'atmosfera, tutto sembrava essere perfetto, non per la scelta dei fiori o per i candelabri antichi accesi nelle cantine dove c'era la degustazione dei salumi e dei formaggi con i vari mosti, ma perché tutto sembrava essere al suo posto: non so come spiegarlo, era tutto perfettamente in armonia. Il cielo, la musica, le persone, le luci, la gioia. Avete presente quando capitano quei momenti in cui tutto è perfetto? Quando, anche se siete semplicemente nel salotto di casa, sentite una pace e una gioia immensa? Ecco, quel pomeriggio era così e così è rimasto fino alla sera: *magico*.

Appena finito l'evento, è cominciato il diluvio! Abbiamo goduto di quel momento celebrativo con tutte le persone che ci stavano accanto. E questo ci ha dato una carica ancora più grande, infatti il sabato seguente abbiamo fatto il nostro meeting mensile con maggiore grinta. Nel nostro caso il matrimonio, con i suoi preparativi, non ci ha distratto dall'attività, anzi, ne abbiamo tratto energia positiva.

Non ci siamo fatti prendere dalle circostanze per allentare un po', ma abbiamo usato le circostanze a nostro vantaggio. Ad esempio, molti dei leader di Milano che noi stimiamo, oltre a essere ormai nostri amici, erano presenti al nostro matrimonio e così noi ne abbiamo approfittato per farli rimanere a Roma fino al sabato e farli partecipare, come speaker, al nostro evento, che ha avuto una riuscita incredibile. Dopodiché, il lunedì stesso siamo partiti per Barcellona dove si sarebbe tenuto il meeting internazionale e dove avremmo avuto la presenza della nostra organizzazione: circa 75 persone!

Vi chiederete: e il viaggio di nozze? La bellezza della nostra vita è che è sempre un viaggio, ogni giorno, qualunque cosa facciamo. Il viaggio di nozze per molti rappresenta "il viaggio della vita", o perché non possono viaggiare quando vogliono o perché non hanno la possibilità economica di farlo se non in quella occasione. Noi ci siamo creati uno stile di vita che ci permette di stare spesso fuori e possiamo decidere di partire come e quando vogliamo. Il nostro tenore di vita è aumentato perché, dopo solo due anni e mezzo di attività, oggi percepiamo già una cospicua rendita, paragonabile a circa 5 appartamenti in affitto a Roma, e questo ci permette di essere più sereni economicamente e di goderci quello che più ci piace. Questa è la nostra vera libertà.

Vi ho parlato di noi, di me, di questo periodo magnifico che sto vivendo e del cambiamento che ho attuato in me per raggiungere ciò che desidero. Proprio in questi giorni io e Simone stiamo lavorando per arrivare al prossimo step, un altro gradino verso il nostro successo lavorativo e personale, un altro passo avanti per me che tanto avevo bramato una vita differente. Ma questa è un'altra storia.

Parte 2:
Dal successo nel business al successo personale

Sono passati ormai cinque anni da quando ho raccontato pubblicamente la mia storia e molte altre cose sono cambiate nella mia vita. Unica costante, ancora il Network Marketing. Quel traguardo di cui parlavo nell'ultima pagina è stato raggiunto nel dicembre 2012, quindi qualche mese dopo le nozze, e il business è cresciuto notevolmente tanto che, attualmente, guadagno al mese più di dieci volte quello che guadagnavo come dipendente.

Anche l'azienda è cresciuta. L'avevamo lasciata così: «Dietro di noi c'è una multinazionale americana quotata presso il NYSE, sul mercato dal 1980, e presente, a oggi (2012), in 85 paesi». Attualmente è invece presente sul mercato da 37 anni e in ben 94 paesi (2017). Di conseguenza, anche nel piano marketing siamo saliti di livello, e questo ha portato con sé tutta una serie di aspetti al tempo stesso positivi e negativi.

Una delle cose che è cambiata nel business è stata la creazione di un punto di incontro a Roma per gran parte della nostra organizzazione. La cosa è nata dopo che ho partecipato a un evento, a Montecarlo, aperto solo ai livelli più alti del piano marketing. Lì spiegavano l'importanza di creare una community, un gruppo di lavoro unito che si riunisca costantemente per condividere aspetti del business e non e che riesca, in questo modo, ad attrarre in maniera piacevole anche le persone ancora ignare del prodotto e dell'opportunità.

Ovviamente tutto ciò *non* è necessario affinché quest'attività funzioni, ma appoggiarsi a un ufficio solo per noi, invece di continuare a usare sale di alberghi e simili, devo dire che ha aggiunto valore e piacevolezza al nostro lavoro quotidiano. Questo ovviamente è stato possibile dal momento in cui la nostra organizzazione, essendo cresciuta, ha trovato vari leader pronti ad appoggiare il progetto.

Tornai a Roma da quell'incontro molto carica e cominciai a cercare una sede, sin da subito con le idee chiarissime. Avrebbe dovuto trattarsi di un ufficio al piano terra, perché vista l'affluenza dei partecipanti non era opportuno creare un traffico continuo di persone che venivano per partecipare agli incontri e andavano su e giù per le scale di un condominio. Inoltre volevo che fosse nuovo o già ristrutturato e lo immaginavo tutto bianco, con la possibilità di disporre le sedie a platea per le presentazioni. Ma soprattutto volevo che fosse situato in una zona di Roma che mi piace molto e dove si sono svolti i miei primi incontri lavorativi, presso un locale di alcuni amici dove facevo aperitivi business: Ponte Milvio.

Ora, in un caso del genere, se mi fossi rivolta a un'agenzia immobiliare per trovare tutte queste caratteristiche insieme, mi avrebbero subito sottolineato il fatto che non sarebbe stato semplice trovare un locale adatto nell'immediato o, quanto meno, non con tutte le specifiche sopra indicate. Ma la mia volontà, come al solito, era molto forte e soprattutto le mie idee erano chiare e dettagliate. È così che vanno definiti gli obiettivi: si parte da un sogno che, per trasformarsi in obiettivo, deve andarsi a collocare nella mente in maniera *specifica*, assolutamente *misurabile* e, soprattutto, in un *tempo definito*.

Nella mia testa l'immagine dell'ufficio era nitida, il budget era stato deciso in base alle nostre possibilità e, per quanto riguardava la collocazione temporale, lo volevo *subito*. E come tutto ciò che appare con chiarezza nelle mie visualizzazioni, anche l'ufficio è arrivato quando lo volevo: *subito*.

Dopo aver fatto una ricerca tra gli immobili offerti in affitto in quella zona e una serie di telefonate per fissare appuntamenti, sono riuscita a visionarne solo due; il secondo che ho visto era proprio *lui*, il nostro ufficio. Subito sono andata a cercare l'arredamento giusto e, dopo poco, abbiamo inaugurato la sede in cui, insieme al mio team, avremmo proseguito la nostra attività. Insomma *detto fatto*!

Si tratta di un aspetto fondamentale nella vita di ciascuno di noi: saper *sognare*, vivere il *sogno* fino a farlo diventare reale nella nostra mente, chiaro, definito, specifico in ogni dettaglio: solo in questo modo l'energia che sprigioniamo nel sognare con enfasi qualcosa può tornarci indietro come *realizzazione* del sogno stesso.

È un concetto che potrebbe sembrare astratto ma, credetemi, non c'è niente di più efficace nella vita della realizzazione materiale di qualcosa che, non solo si *desidera* ardentemente, ma che si è in grado di vedere chiaramente nella propria mente, fin nei minimi particolari, e di posizionare in un tempo stabilito. Ecco perché è così importante *scrivere i propri obiettivi*!

Nel Network Marketing gli obiettivi sono un aspetto chiave per la riuscita del business. Infatti, una delle prime cose da fare, sin dal principio, è capire quali sono i nostri desideri; non quelli che riteniamo *possibili*, ma quelli che *desideriamo* veramente. Ormai siamo adulti e abbiamo imparato che la nostra società ci insegna a *stare con i piedi per terra*.

Ma cosa significa? Semplice, che dovete costruirvi la vita in base a ciò che più o meno sapete fare e che più o meno vi conviene (tenendo presente che la parola *convenienza* in questo caso non è usata nel vero senso del termine ma, come nel nostro gergo, nel senso di qualcosa che vi permetta di avere un'entrata economica sufficiente al sostentamento vostro e della vostra famiglia). I sognatori sono ritenuti folli e talvolta poco maturi, ma forse, in punto di morte, potranno asserire di aver vissuto, cosa diversa da chi si accontenterà e, in un certo senso, morirà prima del tempo.

Chiaramente, come ho già detto, una volta capito dove vogliamo arrivare è necessario scriverlo e, successivamente, ideare un piano d'azione per raggiungere la meta. All'inizio non è facile ragionare per obiettivi, anche perché non ci insegnano a farlo. I bambini provano continuamente a sfidare sé stessi per acquisire padronanza in alcuni movimenti. Guardano coloro che ci riescono e cercano di imitarli, cadono, si rialzano, riprovano, acquisiscono maestria nelle cose, giorno dopo giorno e, da grandi, diventano il risultato dei loro tentativi riusciti e non, ripetuti nel tempo con il *chiaro intento* di arrivare a un risultato (*obiettivo*).

Crescendo, però, spesso veniamo catalogati in un sistema che va e *deve andare* così, e cominciamo a provare frustrazione per le cose che non riusciamo a fare o a ottenere. Ci diciamo «sono fatto così, non ci riesco» ed entriamo in una ruota che va avanti per inerzia e non perché siamo noi a darle l'impulso. Con il tempo si sogna meno, si hanno meno obiettivi da raggiungere e ci si appiattisce.

Da poco mi sono iscritta a lezioni di Ashtanga yoga ed è bellissimo vedere come alcuni movimenti che all'inizio sembrano impossibili da fare, con il tempo diventino fattibili, prima in maniera goffa, poi in modo sempre più perfetto e sempre più vicino alla figura che abbiamo chiaramente davanti agli occhi come meta da raggiungere. Spingervi ogni giorno oltre i vostri limiti non può che attribuire valore alla vostra esistenza, non può che farvi sentire *vivi*.

Tornando al Network Marketing in maniera più pratica, cercate di capire qual è il vostro perché – quello reale, la motivazione che vi spinge – e poi descrivetelo in maniera analitica. Da lì seguirà la vostra *decisione* di voler arrivare all'obiettivo; azione e raggiungimento dello stesso saranno una naturale conseguenza.

Parlavo all'inizio degli aspetti positivi ma anche di quelli negativi del business che inevitabilmente con il tempo possono venire fuori. Del resto qualunque cosa segue naturalmente il flusso della vita, e la vita è fatta così, di alti e bassi, di momenti belli e brutti, di circostanze che cadenzano ogni nostro respiro su questa Terra, e occorre tenerne conto durante qualsiasi cammino si decida di intraprendere. Dunque in *teoria* ero pronta ad affrontare anche gli aspetti meno piacevoli ma, nella pratica, quando qualche meccanismo è andato inceppandosi, il mio umore ne ha un po' risentito.

Una delle cose che ho imparato, con il Network Marketing, è che, perché funzioni, l'energia deve essere sempre al massimo. Per energia non intendo saltare sui tavoli e sulle sedie come invasati o andare in giro comunicando con gli altri con un'euforia fuori misura; credo semplicemente che sia indispensabile cercare sempre dentro di noi quell'entusiasmo primordiale di un bambino alle prese con le prime scoperte in grado di darci la carica e rendere speciale il messaggio che vogliamo trasmettere agli altri, di qualsiasi cosa si tratti. Solo in questo modo potremo essere sicuri che il nostro interlocutore ci abbia comprati. In una rete commerciale fatta di persone questo si rende un *must*!

Caratterialmente sono sempre stata una persona energica e i risultati che ho raggiunto nei vari ambiti della vita lo dimostrano. Ma la questione si complica, per ciò che mi riguarda, perché se metto tanta energia e caparbietà nel fare le cose bene, altrettanta ne metto quando qualcosa va storto. Questa che io definisco sì energia, ma negativa, è deleteria per me stessa e per il business.

Essendo questa un'attività che si fonda sulla collaborazione di tante persone, diverse le une dalle altre, non è ipotizzabile pensare che vada sempre tutto liscio sul piano dei rapporti. Nei primi due anni di attività ero così felice della nuova avventura che stavo vivendo, che alcune cose non le vedevo e credevo che quella del Network Marketing fosse una realtà quasi "surreale": tutto mi sembrava perfetto.

È in effetti lo è, se sei capace a scindere lavoro e rapporti umani, se riesci a osservare il business senza prendere le cose come fatto personale, se sei bravo a trarre da ciascuna esperienza la lezione che vi si cela dietro. Intanto è assurdo pensare che con tutte le persone che si incontrano in questa attività si possano creare relazioni profonde, perché è un ambiente che accoglie milioni di individui, ciascuno con le proprie peculiarità, e poiché non siamo tutti uguali, non possiamo trovarci bene con tutti.

Nella mia testa, che definirei per taluni aspetti ancora un po' infantile, non riuscivo ad accettare il fatto che, in un ambiente in cui c'è molta crescita personale e molta formazione, ci fosse qualcuno, anche leader nel campo, che lasciasse prendere il sopravvento al suo ego. Ma ecco sopraggiungere un nuovo insegnamento: il fatto che tutto ciò mi feriva era il segnale che era il mio di *ego* a emergere.

Quando cresci come persona, tutto vive intorno a te, ma solo ciò che *vuoi* che entri dentro te puoi decidere che ti condizioni. Non può esserci giudizio, non siamo nessuno per accettare o meno il *modus vivendi* altrui, ciò che possiamo fare se non ci piacciono talune situazioni, non tenerle in considerazione. Per me una vita senza valori non sarebbe una vita, ma se incontri qualcuno che non li ha, o ha una scala di valori diversa dalla tua, non puoi prendertela o rimanerci male, la vita è sua e può farci ciò che vuole. Tra l'altro non è detto che il giusto modo di vedere le cose sia il mio e non il suo. Che non sia come me non vuol dire che è sbagliato, significa solo che è diverso da me, e che sia leader non significa che debba essere senza "difetti", o meglio, senza quelle caratteristiche che, sempre secondo me, "non sono giuste".

Nella mia mente, quando ad esempio pensavo a un grande formatore come Jim Rohn, non so perché, ma non lo immaginavo in "piccoli comportamenti", diatribe stupide dove il rispetto di una regola non copre nient'altro che l'appagamento del proprio ego, non lo immaginavo privo di valori come il rispetto, la lealtà, l'etica, perché tanto formato da stare addirittura sopra ciò che comunemente definiamo bene o male con la scusa di vivere appieno la vita. Insomma, non ho mai pensato a lui come a uno scienziato del pensiero umano schizofrenico che non applicava quanto diceva.

Probabilmente però anche lui, in quanto essere umano, nella quotidianità avrà avuto qualche atteggiamento che *per me* poteva essere definito "un difetto", pur essendo un grande leader (parere soggettivo). O magari nella vita di tutti i giorni non avrà sempre applicato alla lettera ciò che a parole era così bravo a spiegare agli altri (parere oggettivo). In ogni caso, Jim Rohn rimane per me uno dei filosofi e degli insegnanti di vita più rappresentativi al mondo. Altri ne hanno solo usato sapientemente i concetti, condendoli di una buona e accattivante oratoria.

Nella mia attività di Network Marketing, ho vissuto situazioni relative a questo argomento che mi hanno colpito molto e ho faticato per non lasciarmi defocalizzare dal business. Non capivo, e tuttora non capisco, i comportamenti di alcuni, ma ho imparato che le persone sono come sono, c'è poco da comprendere e analizzare e, come spiegavo più sopra, dobbiamo solo imparare a prendere i messaggi buoni per noi senza affidarci al messaggero, che nella vita di tutti i giorni potrebbe non essere poi così coerente con ciò che tanto bene "predica".

Come scrivevo all'inizio della mia storia, non ho mai avuto idoli, neanche da piccola. Che i miei amici si tatuassero frasi o il nome del cantante preferito, di un idolo, del proprio amore, per me era una cosa fuori dal mondo. Ispirarsi a qualcuno che piace va bene, amarlo anche, ma diventarne addirittura dipendente non è mai stato il mio caso. Tra l'altro non mi è mai piaciuto vivere di luce riflessa (sono l'amica di..., la moglie di...). Io sono Stefania, punto.

Molte persone hanno un atteggiamento di assoluta venerazione verso i leader, ma dipende dal fatto che questi spesso creano anche inconsapevolmente sudditi, e intanto bisogna capire da che parte si vuole stare. A volte la "carota" posta in alto da certi leader, che dovrebbe essere il premio ambito per spronarti a fare di più, è resa talmente luccicante ed esclusiva da farti credere che, se non la raggiungerai, avrai perso, sarai un fallito, avrai dimostrato di non essere all'altezza. E chi non è abbastanza forte, o non riesce velocemente ad arrivare alla meta, ma vuole fare comunque parte dell'Olimpo, farà carte false e userà mezzi che a volte possono anche ledere il business e la persona stessa.

Questo però non significa che sia il leader a sbagliare, ma che a volte le persone si trovano in una situazione che vogliono cambiare con tanto ardore da affidarsi ciecamente a qualcun altro che vedono come il "salvatore", eludendo sé stessi e immedesimandosi totalmente nell'altro, nel bene e nel male.

Tuttavia mi sono trovata a rielaborare anche la figura del leader. E in questo business, fatto di moltissime persone e in cui emergono figure trainanti, è necessario affrontare l'argomento e capirne gli aspetti fondamentali. Cosa significa essere leader? Come ho già detto nei capitoli precedenti, *per me* il leader è qualcuno che sa dove vuole andare e che fa tutto il necessario per andare in quella direzione, in modo tale che, chi lo vuole, possa seguirlo.

Ma anche Hitler era un leader! Quindi, nella *mia* odierna definizione, un leader è colui che ha un obiettivo che può essere giusto o sbagliato per noi, che può avere o meno dei valori uguali ai nostri, che può o meno avere una morale e comportamenti nella vita simili ai nostri, ma che, in ogni caso, sa sicuramente come raggiungere quell'obiettivo. È comunque una persona che ottiene dei risultati, anche se questo non significa che sia qualcuno a cui ci vogliamo ispirare. Perciò in questo ambito possiamo essere noi a scegliere con chi lavorare.

Nel fare business, questo punto deve essere chiaro nella vostra testa, perché magari, pur avendo ottenuto dei risultati, sarete proprio voi i primi a non essere accettati da qualcuno, anche del vostro gruppo, che vi vedrà lontani dal proprio modo di essere e non vorrà seguirvi. Tuttavia non è semplice analizzare a fondo questo argomento, perché a volte la scelta può anche essere una "scusa" per non uscire dalla propria zona di comfort. Spesso ci sentiamo talmente diversi da chi ottiene dei risultati da non voler accettare ciò che invece ci riguarda molto da vicino, ma ci fa male affrontare, non pensando che proprio quel passo in quella direzione si renderebbe necessario per attivare un cambiamento in noi capace poi di farci raggiungere i nostri risultati. «Prima diventi e poi ottieni», diceva qualcuno.

Man mano che si va avanti nell'attività, credo che questo discorso sia assolutamente da sviscerare fino in fondo al fine di crescere ancora, sia come persona sia come leader. Questo ebook non nasce per vendere qualcosa, non nasce su concetti definiti e schematizzati per insegnare qualcosa, nasce dal racconto della mia storia mentre vivo questa realtà, e vuole solo essere una testimonianza reale, ma pur sempre *soggettiva*, di quanto accade nel mio percorso con il Network Marketing. È per questo che non mi vergogno a raccontarvi quanto ci sia stato di buono, ma anche quanto di negativo mi sia capitato di vivere in quest'attività.

Man mano che crescevo nell'ambito di questo business, mi trovavo davanti scenari e situazioni da gestire totalmente diversi rispetto a quando avevo cominciato. Sicuramente, come accennavo prima, quando il mio (si fa per dire) gruppo di persone è aumentato, sono aumentate le royalties ma anche i problemi. Intanto, non per sottolineare una banalità atavica, il fatto che i leader della mia downline fossero per la maggioranza uomini, non deponeva a mio vantaggio.

Ho sempre fatto tutto ciò che c'era da fare nel business, dando l'esempio e raggiungendo io per prima gli obiettivi che mi ero prefissata. Ho creato inoltre sistemi di supporto, situazioni nuove che fossero d'aiuto alla squadra, ho inventato strumenti utili, ma gli uomini che entravano a far parte del team, soprattutto quando erano già leader per loro natura, difficilmente si confrontavano con me.

Mi sono spesso interrogata sul perché, o meglio su come potessi fare per far sentire la mia voce, ma con il tempo mi sono resa conto che non era necessario che si sentisse, non serviva che venisse troppo fuori la mia personalità nei loro confronti. Sapevo di avere sempre dato loro il mio appoggio e questo bastava per creare una sorta di patto non scritto, dove i ruoli venivano rispettati e la stima reciproca usciva magari in situazione ludiche.

Un'altra cosa che ho dovuto imparare, in merito alla mia voce, al non doverla far emergere così tanto, è che a volte il sano egocentrismo, il voler dire la propria a tutti i costi, anche se con l'intenzione magari di apportare qualcosa di buono per tutti, può passare per *ego* spropositato. Così, laddove non sono riuscita a esprimermi, ho deciso, a volte azzardando, ma sempre con coraggio, di intraprendere la *mia strada*, con le mie idee e le mie regole, assumendomene la piena responsabilità e monitorando sempre che la scelta presa fosse poi supportata dai risultati.

Urlare continuamente, attraverso i propri atteggiamenti, di voler aver ragione senza poi avere risultati, o mostrarne di non veritieri, non vi porterà da nessuna parte, starete solo nutrendo un po' di ego. Ma quando invece vi rendete conto che l'intuizione era quella giusta per voi, per vivere la vita e questo business (che fra le tante caratteristiche ha quella di poter essere gestito come meglio si crede, nel rispetto di alcune regole base) come volete voi, riuscirete a raggiungere i vostri obiettivi nonostante le difficoltà e sarete ripagati con una gioia infinita.

A me invece piace ascoltare altre voci. Questa esperienza mi ha insegnato che, se è vero che un leader deve prendere le sue decisioni e scegliere la strada che lo porterà al raggiungimento dell'obiettivo, è pur vero che in questo business all'obiettivo ci si arriva tutti insieme, e io adoro confrontarmi con chi magari è entrato dopo di me a far parte del gioco, ma ottiene dei risultati, ha delle idee, è creativo e si dà da fare. Non ho paura di chi è più bravo di me, anzi, sarà un valore aggiunto per il mio lavoro. Non ci sono invidie, gelosie o manie di protagonismo nei miei rapporti con gli altri, e questo alla fine torna sempre.

Sebbene abbia imparato sulla mia pelle a essere sì decisa nelle mie azioni, ma anche a coinvolgere le persone *attive* del gruppo, mi è capitato a volte di essere un po' dura e diretta con chi credevo potesse fare la differenza nel mio gruppo. E anche qui ho portato a casa una grande lezione. Non tutti amano essere spronati nello stesso modo. Io ho il mio modo di comunicare, un po' forte oserei dire, perché non uso mezzi termini o giri di parole, ma questo può anche allontanare le persone che, invece di sentirsi riconosciute, cadono in frustrazione.

È chiaro che il mio messaggio ha come unico intento quello di evidenziare gli atteggiamenti della persona che sono migliorabili al fine di ottenere un risultato maggiore, ma mi sono resa conto che, proprio perché l'energia positiva è l'ingrediente numero uno per la riuscita, non la si può smorzare nelle persone – anche se l'intento reale parte da un altro presupposto rispetto a quello percepito dalla persona a cui si fa notare la cosa. Il grande lavoro che in teoria ognuno di noi dovrebbe fare, come già detto prima, è quello di non prendere le cose sul personale... cosa che, mi rendo conto, non è sempre facile a farsi.

Quello che comunque si può fare è stare vicino a queste persone, accompagnarle per mano con il nostro esempio e non giudicare il loro operato. Avvalendosi solo dell'energia, e quindi senza compiere le giuste azioni, si diventerà solo dei motivati che però non andranno da nessuna parte. Ma è preferibile che le persone osservino e traggano da sole le proprie conclusioni e, se questo non avverrà, sarà solo perché non vogliono crescere a livello personale modificando alcune cose che non portano e non porteranno mai risultati.

Ognuno di voi dovrà seguire la propria strada personale con i pro e i contro di qualsiasi scelta di percorso, e quindi il relativo raggiungimento dell'obiettivo; il leader potrà solo starvi vicino e mostrarvi, con i suoi risultati e la sua esperienza, il percorso che ha intrapreso, senza far trasparire nessun tipo di giudizio. Alla fine il grosso si basa sulla *comunicazione* non solo verso l'esterno – ossia verso persone che ancora non conoscono l'opportunità di cui parliamo – ma anche e soprattutto tra le persone che fanno già parte del sistema, del team.

Anch'io in questo percorso non ho amato e compreso cose che mi hanno fatto male e, di conseguenza, spinto a prendere determinate decisioni, e allo stesso modo le mie decisioni non sono state amate da qualcun altro; funziona così, è una ruota. In conclusione credo che ognuno debba cercare il "proprio" modo per vivere il business, lavorare con le persone con cui si trova bene, che lo ispirino e che possano aiutarlo a tirare fuori il meglio di sé.

Questa è una grande *fortuna* che appartiene al Network Marketing: chi, in un ambito lavorativo, può scegliere autonomamente le persone con cui lavorare? Il capo non lo scegli e i colleghi nemmeno. Qui non ci sono capi, anche se, ripeto, qualcuno si sente di dover sottostare al proprio leader di riferimento; ma quella è una scelta personale che cela tutta un'altra serie di problematiche individuali. Qui possiamo scegliere come e con chi lavorare e l'unica cosa che dobbiamo imparare è a non prendere sul personale le scelte che vediamo verificarsi.

Insomma, tutto bello, ma perché questo business decolli veramente si deve davvero crescere tanto come persona. È una bella sfida che ti fa sentire vivo, anche se a volte ti verrebbe da dire: «Basta, mollo tutto!» In ogni azione che compi hai inoltre la responsabilità delle persone che ti seguono, siano esse parte del tuo gruppo o meno. Questo mi ha sempre portato ad agire nel rispetto degli altri e a perseguire il mio obiettivo eticamente in maniera da non ledere nessuno. Oggi infatti sono molto felice quando qualcuno, con il quale magari non ho neanche rapporti stretti, vuole unirsi a me per collaborare ritenendomi un esempio di cose fatte bene e di un comportamento esemplare.

Tutto torna, nella vita, e nel Network Marketing davvero è come se vivessimo in uno specchio, tutto ciò che viviamo, sentiamo e facciamo ci torna indietro come un boomerang, sia esso positivo o negativo. Ed è proprio per questo che ciò a cui dobbiamo ambire è il meglio di noi stessi, perché ci tornerà così tanto indietro da non poterci neanche credere. Quindi, se si vuole essere leader e non solo saperne di leadership, che è tutt'altra cosa, occorre fare veramente tesoro di tutte le scuole di crescita personale, di tutte le esperienze che ci capitano sul campo, di tutte le lezioni che impariamo mano a mano che procediamo in quest'attività, e metterle a reddito, sul serio, con l'azione.

Nei nostri corsi di formazione ci sono sempre moduli in cui si affrontano questi temi di crescita personale, ma puntualmente, quando ti guardi intorno, ti rendi conto che quella stessa frase che ha toccato, commosso, scosso la platea è già finita nel bellissimo libro degli aforismi da poter condividere sui social media o scrivere su un biglietto di auguri, senza che ne sia seguito nessun comportamento differente.

È crudo da dire, ma solo il 2% delle persone presenti in sala farà la differenza, attuerà veramente un cambiamento in grado di rivoluzionare la propria vita; la restante parte rimarrà lì, a galla, faticando per portare risultati a casa e attribuendo quella difficoltà a cause esterne. Lo vedo accadere sempre, così come vedo persone trasformarsi, decidere di cambiare in meglio e farlo. Quando questo accade, mi commuovo e penso: «Ce la farà!»

Un'altra cosa che mi hanno spiegato (molti solo a parole, senza applicarla a sé stessi) è che noi siamo la media delle cinque persone che frequentiamo di più, la media sotto tutti i punti di vista, nei vari aspetti che le riguardano. Con chi viviamo principalmente le nostre giornate? Con chi ci confrontiamo? Di cosa parliamo? A chi ci ispiriamo?

Questo è molto importante, è nutrimento per la nostra mente e infatti, puntualmente, in questa attività si trovano individui che non riescono e che, guarda caso, stanno con altre persone che non riescono (la famosa "zona di comfort") o altri che stanno con persone che li fanno sentire il top, ma che poco hanno da ispirarli.

Io godo nel parlare con qualcuno che ha successo nella vita, dal punto di vista familiare, lavorativo, personale o economico, e non mi sento da meno. Anzi, cerco di pormi alla stessa altezza mentale di queste persone per poterle frequentare e assorbirne gli insegnamenti quanto più possibile.

Ma cosa è accaduto in questi tre anni della mia vita oltre al Network Marketing? La cosa più *sconvolgente* al mondo: sono diventata *mamma*. Sofia è nata nel febbraio 2014 ed è stata davvero la gioia più grande della mia vita. Avevano ragione quando mi dicevano che non si può descrivere, che solo passandoci di persona si può sentire quella strana sensazione in petto che non si può attribuire a nessun altro momento felice della nostra esistenza. Per questo sono grata alla vita di aver potuto provare una gioia così grande, un trasporto totalmente incondizionato, un sentimento unico e bellissimo.

Ma, come sempre nella vita, c'è sempre il rovescio della medaglia. Intanto la gravidanza, che per quanto porti con sé il romanticismo di avere una vita in grembo, rappresenta per la donna – soprattutto se, come me, non in giovane età – un cambiamento impattante da un punto di vista fisico e psicologico.

Il corpo cambia, qualche disturbo sopraggiunge, la speranza che vada tutto bene ti accompagna durante l'intero periodo... Insomma, tutta una serie di nuove situazioni che cominciano a condizionarti le giornate. E lo dico nonostante sia stata fortunata, perché ho avuto una bella gravidanza, sono stata bene e ho vissuto quei nove mesi continuando a fare tutto ciò che c'era da fare, anche per l'attività.

In primis ho continuato ad allenarmi e a mangiare sano per mantenere un corretto peso anche nello stato in cui mi trovavo e, per quanto concerne il lavoro, fissavo i miei soliti appuntamenti e partecipavo a tutti gli eventi. Ho parlato sul palco fino a 15 giorni prima di partorire, anche se lo facevo con un po' di fiatone, e ho ricominciato subito, 15 giorni dopo il parto. Insomma, non ho mai smesso di fare l'attività e non mi sono mai lasciata distrarre da questa circostanza. È stato bello, perché ero stanca ma felice della mia situazione, e vivevo in maniera positiva anche il lavoro.

Nello stesso periodo, Simone e io abbiamo cambiato casa e ci siamo trasferiti in una villa che abbiamo praticamente costruito quasi da zero, con gli spazi che volevamo e le comodità da sempre desiderate come, ad esempio, un'ampia cabina armadio, la vasca idromassaggio per due, la palestra, una cucina spaziosa, un bel salone di rappresentanza e uno spazio esterno con terrazza e giardino. I traguardi raggiunti nel business ce lo hanno permesso e ne siamo molto felici.

Con il pancione mi recavo al cantiere per seguire i lavori, andavo a scegliere i materiali, parlavo con gli architetti e compravo i mobili, potendolo fare in qualsiasi giorno della settimana, senza dover chiedere più il permesso a qualcuno come quando lavoravo da dipendente, ma riuscendo tranquillamente a portare avanti il mio business. Questa *libertà* non ha prezzo!

Chiaramente in qualunque ambito mi trovassi, in ospedale per una visita medica di controllo o in un negozio di mobili, riuscivo sempre a parlare del mio business e a coinvolgere qualcuno. Questo è il bello del Network Marketing: mentre vivi la tua vita, fai il tuo lavoro. Questo però lo si può capire solo vivendolo.

Quindi nasce finalmente la nostra Sofia e ci trasferiamo tutti e tre nella nuova casa! Ed ecco sopraggiungere qualche problemino con la società immobiliare di Simone a causa del crollo del mercato. Quando le cose non vanno per il verso giusto, tutto sembra entrare in un flusso negativo. Infatti cominciano anche a emergere situazioni da risolvere all'interno dell'attività di Network Marketing, come raccontato poc'anzi.

Inoltre la nascita di un bimbo ti stravolge *completamente* la vita. Se per quarant'anni avevo pensato esclusivamente a me, alle mie cose da fare e a come gestire le mie giornate, adesso non solo dovevo pensare a un altro essere che necessitava di tutte le mie attenzioni, ma dovevo farlo sopra qualunque cosa.

Mi ero organizzata benissimo, prima che nascesse, con una serie di comfort – una tata che mi aiutasse, i nonni che mi avrebbero dato una mano ecc. – e così è stato, ma non avevo considerato che non si trattava di una *cosa* da gestire, ma di mia figlia, e che se sulla carta avrei potuto affidarla a qualcuno per fare ciò che dovevo, nella pratica spesso non mi andava di farlo, volevo prendermene sempre cura io e quando lei non era con me non stavo bene.

Tutto questo ha cominciato a creare in me sentimenti contrastanti, e confusione, perché quando stavo con Sofia ero felicissima, ma pensavo alle cose che avrei dovuto fare e questo mi rendeva frustrata, perché non riuscivo a portarle a termine. Quando poi me ne allontanavo per fare ciò che dovevo, non ci riuscivo alla perfezione, perché la mia mente era rivolta a lei ed entravo in frustrazione perché le toglievo tempo. Insomma, un vero *casino*.

Così, ancora una volta ho dovuto fare un piccolo passo avanti, attuare una crescita personale anche in questo senso, perché adorando il mio lavoro non volevo rinunciarvi e, allo stesso tempo, volevo fare la mamma! Tra l'altro il momento economico che stavamo vivendo con l'altra realtà non mi avrebbe permesso di allentare con quest'altro business. Così, lentamente ho cominciato a bilanciare le cose, a cercare di essere sempre nel presente, qui e ora, cercando di godermi ogni cosa che facevo, accudirla e giocare con lei pienamente e concentrarmi sugli eventi e sul mio lavoro quando non ero con lei.

Non è stato semplice, non lo è ancora, ma so che è la cosa giusta per entrambe e ho scelto che sia così. Lei non vorrebbe una mamma frustrata che non fa ciò che le piace e, dall'altra parte, sono sicura che Sofia in questo modo possa imparare già da piccola a essere svincolata da me e a godere di altre situazioni e persone che comunque fanno parte della sua vita.

Tra l'altro il tempo che riesco a dedicarle con questo tipo di attività è veramente molto, rispetto alle mamme che lavorano tutti i giorni. Ho la possibilità di accompagnarla all'asilo, di andare a riprenderla, di portarla al parco e di fare un sacco di altre cose insieme a lei. Non saranno sicuramente quelle poche giornate in cui non sono con lei che le segneranno la vita in maniera negativa. Una vita che, tra l'altro, offrirà più possibilità anche a lei, perché oggi, ad esempio, posso mandarla a una scuola internazionale, in modo che impari le lingue fin da piccola, possiamo viaggiare e godere di tantissime comfort ed esperienze bellissime insieme.

Ovviamente in tutto questo non potevo farmi prendere dal panico per la situazione di Simone anzi, dovevo essere forte e sostenerlo, perché è molto importante in una coppia trovare l'appoggio del partner sia nei momenti felici, sia quando le cose vanno meno bene. Quindi ancora crescita personale, perché non nego di essermi sentita spaventata alcune volte; ma dovevo in qualche modo fare fronte a tutte le risorse che avevo dentro di me per ritrovare quel *mood* positivo in grado di far girare di nuovo le cose nel verso giusto.

Erano in pochi a essere a conoscenza di questa situazione, e agli eventi continuavano a vederci sempre con il sorriso e senza mai trasmettere niente di negativo alle persone che lavoravano con noi. Ovviamente il business non si è fermato, ma sicuramente non è andato più così veloce come prima.

Credo sia fisiologico in simili situazioni, ma credo anche che sia veramente necessario continuare a mantenere la lucidità nei momenti bui perché l'alba possa tornare a risplendere il prima possibile. Non è una frase fatta, credo sul serio e lo vedo spesso nelle persone che mi circondano: quando si entra nel *loop* negativo non si fa altro che attirarsi quello, e ci si crogiola pure.

Spesso, parlando con la gente, sento frasi tipo: «E questo non va, il lavoro non ne parliamo, non sono stato tanto bene, e poi capita tutto insieme...» Di conseguenza, non cercando mai la soluzione per uscire da quel circuito negativo, vi rimangono dentro e lo alimentano con i loro stessi pensieri e le loro stesse parole. Per questo motivo occorre uscire il prima possibile dal *loop* negativo e innescarne subito un altro positivo che si autoalimenti con pensieri belli.

La maggior parte delle persone parte svantaggiata perché ha già scelto qualcosa per sé che non ama fare, attivando così la negatività dei pensieri che porterà inevitabilmente a un circuito di tante altre cose negative.

A volte, chiacchierando con le persone di come va la loro vita, rimango scandalizzata dal modo in cui me la descrivono. Spesso le persone raccontano di tutto ciò che *non va* nella loro vita. Sono tristi. Ma *non* cambiano di una virgola il loro atteggiamento e non cercano di ribaltare la situazione.

A volte invece incontri persone, comunque tristi, ma che magari ti dicono: «Mi piace il mio lavoro». Il più delle volte lo dicono per dirlo a sé stesse, ma è palese che la loro esistenza non le soddisfa. Hanno una vita frenetica, con pochissimo tempo libero, hanno rinunciato ai propri sogni, a portare avanti i propri hobby e le proprie passioni, a fare le vacanze che desideravano, ad avere la casa che sognavano... E tutto perché hanno un "buon posto di lavoro", perché così si intende un impiego in grado di dare un mensile, il più delle volte appena sufficiente a ripagarsi le spese basilari o, nella migliore delle ipotesi, in grado di finanziare anche una vacanza l'anno e una macchina più bella! E allora, perché *non cambi*? È questo il tuo destino?

Un giorno raccontavo la mia storia a una ragazza, le dicevo appunto di aver partecipato in qualità di hostess a quel corso di formazione che mi ha poi cambiato la vita – perché da lì mi si è aperto un mondo, la mia *sliding door* (come il film) – e mentre parlavo lei mi guardava rapita. Alla fine mi ha detto: «Cavolo, è proprio vero quanto conta il destino per ognuno di noi. Tutto è in mano al destino!»

Al che io le ho risposto: «No cara, il destino esiste ma non è lui a dare un senso alla nostra vita, è ciò che ne facciamo del destino, di ciò che ci capita, delle opportunità che ogni giorno ci vengono prospettate. L'hostess che lavorava con me quel giorno dall'altra parte della sala è ancora un'hostess e, pur avendo ricevuto la mia stessa occasione, non l'ha saputa cogliere, perciò oggi fa ancora quel lavoro per 60 euro al giorno, mentre io sono un'imprenditrice con un'organizzazione formata da circa 3.000 persone che si porta a casa 20.000 euro al mese, 666 euro al giorno».

Tutto nella vita è una questione di scelte, e una volta presa una decisione, l'azione non sarà poi così difficile, si può imparare a fare tutto e la routine, in questo senso, aiuterà nel tempo ad acquisire qualsiasi maestria.

A volte ho incontrato persone che mi dicevano: «È tutto fantastico, ma non fa per me, non sarei mai in grado di vendere qualcosa, e poi andare agli eventi... per carità!» Va bene, può essere che questo business visto da fuori possa non sembrare così accattivante per alcuni, ma io mi domando sempre quale sia l'alternativa. Chi parla così è veramente *felice* di ciò che fa?

Nel mio caso avevo studiato per arrivare a lavorare negli uffici amministrativi di grandi aziende e non mi sarebbe piaciuto svolgere nessun'altra mansione, ad esempio quella di venditore. Era semplicemente una mia credenza, un qualcosa che mi ero fatta andare bene, a cui avevo dato un valore, e anche se in ufficio mi annoiavo mortalmente, mi dicevo che facevo quello per cui avevo studiato, che aveva un certo valore e che "mi piaceva".

Insomma, facevo le cose che in qualche modo mi avevano detto essere quelle giuste, riuscivo nella vita, ma lo facevo in un territorio circoscritto che mi avevano impacchettato e consegnato fin da piccola: studia con il massimo dei voti, trova un buon lavoro, sposati, compra una casa, fatti una famiglia, vai in pensione e *muori*. Ormai tutto era schematizzato nella mia testa, nella mia cultura e "adoravo" il mio lavoro, quello "scelto da me", anche se in realtà, mentre cercavo di farlo al meglio, mi sentivo davvero apatica.

Quindi, quando parlo con qualcuno che non vuole uscire dalla sua zona di comfort e mi dice che il Network Marketing non fa per lui e che ama il lavoro che fa, io immagino il dialogo interno che attua per convincersi di ciò che dice. Ammesso anche che non ti piaccia ciò che c'è da fare per riuscire in questa attività, né relazionarti con gli altri, vendere il prodotto o l'opportunità lavorativa, hai mai riflettuto su quale premio potresti ricevere in cambio?

Sicuramente non invecchiare dopo aver lavorato duramente per una vita godendoti solo qualche week end al mese, qualche vacanzetta predefinita l'anno (e non tutti gli anni) e finendo in vecchiaia con un terzo dello stipendio come pensione (ammesso che si arrivi a prenderla).

Qualcuno allora potrebbe dirmi: «Dovremmo fare tutti Network Marketing nella vita? Quindi non ci sarebbero altre mansioni, altre specializzazioni, altri lavori?» Assolutamente non è questo che intendo. Quando qualcuno *sceglie* davvero con il cuore di fare qualcosa nella vita, perché è la sua passione, quella vocazione lo porterà a essere la parte migliore di sé nel suo lavoro, nella sua professione, per quanto umile possa ritenersi.

Io guardo con molta ammirazione mia sorella perché da madre è riuscita, con i suoi figli, i miei nipoti, fin da piccoli, a tirar fuori le loro peculiarità e passioni. Giuseppe, il più grande, neanche andava a scuola e già leggeva libri interi imparandoli a memoria. Ci stupiva quel cucciolotto che recitava qualsiasi cosa leggesse e che oggi, a 18 anni, è un grande attore perché sua mamma lo ha accompagnato nel suo desiderio, anche facendo dei sacrifici, e soprattutto senza cercare di spingerlo in altre direzioni magari più convenzionali.

Il piccolo, Lorenzo, neanche parlava e già batteva il tempo sulla tavola con le manine. Per tutti noi era un tormento, non c'era cena o festa durante le quali lui non battesse le mani o qualcosa che impugnava canticchiando sul ritmo. Stressante sì, da morire, ma non è mai stato rimproverato perché rompeva le scatole. La mamma lo ha osservato e poi lo ha accompagnato in una scuola di musica. Oggi suona la batteria in maniera magistrale e una cosa buffa che ci racconta il suo maestro è che lui, pur conoscendo la musica, ha il ritmo dentro di sé e lo fa uscire con passione, in automatico, qualsiasi pezzo suoni.

Questa è la scintilla di cui parlo e che ciascuno di noi in fondo ha. E sarà libero e felice solo se sarà in grado di seguirla. Vi è mai capitato di andare a prendere un caffè al bar e trovare un muso lungo dietro al bancone che ti fa passare la voglia di prenderlo quel caffè? O di trovarvi in un letto di ospedale con un'infermiera acida che non vede l'ora che finisca il suo turno? O di vedere dottori che non guardano mai l'orologio e aiutano senza tregua milioni di persone, mentre altri, con il macchinone fuori che li aspetta, freddamente e frettolosamente ti comunicano la tua malattia?

Bene, il mondo è pieno di persone *frustrate* da ciò che fanno e solo *alcuni*, secondo me, sono quelli che io definisco gli *illuminati*: persone che per vocazione fanno ciò che fanno, qualsiasi sia il lavoro, con la giusta attitudine e il sorriso sulle labbra, malgrado la stanchezza fisica. Ognuno nella vita è *libero di scegliere o accettare* determinate situazioni e condizioni, l'importante è godersele, perché se non si è felici e grati nel più profondo di ciò che si fa, allora *bisogna cercare* qualsiasi cosa possa dare quella felicità.

E non parlo solo dei guadagni, parlo di uno stile di vita fuori dall'ordinario, della possibilità di vivere il proprio tempo, la propria famiglia, le proprie passioni... Come si fa a scartare questa possibilità *a priori*? Io una risposta me la sono data. Nel Network Marketing ciò che puoi vedere fin da subito è solo la promessa di qualcosa di straordinario che potrà verificarsi solo se ti impegnerai. Nei lavori tradizionali, invece, è immediatamente tangibile ciò che ricevi in cambio del tuo impegno e del tuo tempo, cioè lo stipendio.

Tuttavia è come se ti dicessi: «Oggi ti regalo il cantiere di una meravigliosa villa con piscina, una vista incantevole e tutti i comfort possibili e immaginabili. L'unica cosa che dovrai fare è attendere che si finisca di costruire e, nel frattempo, darmi una mano a farlo; in questo modo potrai non solo vivertela, ma anche lasciarla in eredità ai tuoi figli, e con il tempo aumenterà di valore (*royalties*).

Oppure, se preferisci, puoi scegliere questa capanna che è già completa e finita, con pochi comfort, ma che rimarrà così negli anni, o forse no, in vecchiaia probabilmente avrà meno valore (*stipendio*) e non potrai lasciarla a nessuno. Com'è possibile che la paura ti faccia scegliere la seconda? Cos'hai da perdere scegliendo la prima? Temi di non riuscirci? Quanto meno ti sarai dato una possibilità...

Se potessi tornare indietro, non lascerei che per circa 20 anni qualcuno si appropri della mia vita, della mia libertà. Purtroppo però ho conosciuto questo business a quarant'anni, non prima, anche se non ho esitato a buttarmi, a rischiare il tutto per tutto e ottenere una vita davvero meravigliosa. Uno dei miei sogni era di potere un giorno aiutare la mia famiglia, di poterla ripagare di tutti i sacrifici fatti per fare crescere me e mia sorella al meglio delle possibilità.

Non ci sono ancora riuscita, o perlomeno solo in parte. Per i 70 anni di mio papà, ho potuto regalargli un'automobile nuova. Al mio nipotino ho regalato una bella batteria per poter portare avanti la sua passione per la musica. A mio nipote più grande non sono mancati strumenti oggi abbastanza necessari per i suoi 18 anni: un iPhone e un computer Apple per studiare, scaricare musica e chattare divertendosi con gli amici.

Insomma, piccole cose che però mi rendono estremamente felice, perché mi permettono di contribuire alla felicità della mia famiglia. In futuro mi piacerebbe poter fare cose più consistenti per loro. Voglio fare in modo che i miei genitori vivano una vecchiaia serena e confortevole. Voglio regalare ai miei nipoti anche cose extra, viaggi e qualunque cosa possano desiderare...

Adoro vederli felici. Voglio che Sofia abbia una vita ricca di valori, ma soprattutto di esperienze. Voglio vivere e godermi il più possibile il mondo con la mia famiglia. Voglio poter aiutare chi ne ha bisogno, chi soffre e chi al mondo non è stato così fortunato come me. Voglio, voglio, voglio ancora un sacco di cose.

Per realizzare tutto questo dovrò ancora impegnarmi e lavorare per raggiungere un livello in grado di garantirmi questo tipo di vita, ma conosco chi lo ha fatto, so che è possibile e che dipende sempre e solo da me. Ancora molto dovrò imparare in questo ambito, ancora molto dovrò cambiare, crescere, migliorare per ottenere ciò che desidero, ma cosa c'è di più divertente al mondo? Sapere che puoi sfidare te stesso e aprire le porte di un mondo che hai sempre desiderato. *Adrenalina pura*!

E comunque, al di là di questo potentissimo strumento per raggiungere ciò che desideri dalla vita, mi ripeterò all'infinito: credo che sia fondamentale, per ogni individuo, evolversi, andare avanti nella propria esistenza. A volte qualcuno mi chiede cosa intendo per "andare avanti nella vita". Tante persone si crogiolano nelle loro caratteristiche ritenendosi a posto così come sono, e facendo affermazioni come: «A me queste cose non interessano», «Io non sono tipo da...»

Io resto basita! Non ti interessa *imparare* cose nuove? Non ti interessa *conoscere* nuove prospettive? Non ti interessa *essere* la migliore espressione di te stesso? Sei già *arrivato*, ma dove? Il viaggio della vita è infinito, una continua scoperta ed evoluzione, è impossibile che tu ti ritenga soddisfatto così come sei, felice di ciò che sei e hai costruito fino a oggi, completamente appagato fino alla fine dei tuoi giorni; è come avere il pane ma non i denti.

Ci sono persone che esprimono pensieri come: «Io non sono tipo da apparecchiare bene la tavola, stare attento ai dettagli, l'importante è stare in buona compagnia e mangiare buon cibo». Ma la cura delle cose è un aspetto importante della vita, che nulla ha a che fare con i contenuti.

Uso questo banale esempio per trattare il tema della *sostanza* e dell'*apparenza*. Il buon cibo e la buona compagnia sono la cosa *importante*, ma se l'aspetto di tutto questo è anche piacevole, potresti riuscire anche ad attivare altri sensi e altri piaceri. Altrimenti non esisterebbero le definizioni di bello e brutto, bene e male, con le loro accezioni positive e negative.

Che l'abito non faccia il monaco per me è una grande stupidaggine: certo è che se non c'è niente di buono all'interno, l'impegno di rendersi luccicanti agli occhi del mondo sarà vano. Ma se c'è del valore in una cosa, o in una persona, sarà scoperto e apprezzato ancora di più se la sua forma esteriore sarà accattivante.

Ma cosa comporta imparare ciò in cui noi magari non siamo così performanti? Quale torto potremmo mai fare alla nostra persona se non quello di migliorarsi? A tutela di cosa rimanere barricati sulle proprie prospettive? Avremo sempre la facoltà di scelta, quindi aprirsi al mondo non significa cambiare la nostra essenza.

Significa voler vedere il mare se non l'abbiamo mai visto, bagnarsi i piedi, imparare a nuotare e poi, con tutte le nuove risorse, decidere se tuffarsi o meno, se ci va di sentirci bagnati o se preferiamo guardare le onde dalla riva. Non avrebbe senso decidere di non fare un bagno in mare se non lo abbiamo neanche mai visto e conosciuto!

Stessa cosa dicasi per la forma fisica, la pulizia della persona e del proprio ambiente. Cosa potrà mai costarvi curare il vostro aspetto esteriore pur adorando la vostra parte introspettiva? L'una cosa non toglie all'altra, anzi. «Io sono fatto così» è una frase senza senso che vi darà ragione fino alla fine dei vostri giorni, quando morirete. Morirete così, senza esservi evoluti e senza aver assaporato niente di nuovo, nessun aspetto che avrebbe potuto stupirvi, affascinarvi e donarvi cose nuove, anche non materiali.

Un altro aspetto fondamentale nel Network Marketing è la *gestione del tempo*. La gestione delle ore giornaliere, e quindi settimanali, mensili e annuali, è fondamentale in questa attività. Quando si comincia il business, si comincia a tutti gli effetti un'attività imprenditoriale e non esiste imprenditore al mondo che non abbia la sua giornata scandita di ora in ora sulla propria agenda.

Questo perché non abbiamo nessun capo che ci dica cosa fare, come farlo e, soprattutto, quando farlo. Non dobbiamo timbrare nessun cartellino, e questo spesso ci porta a prendercela comoda, a rimandare, a procrastinare. Poi ci sentiamo frustrati se i risultati non arrivano, ma basterebbe programmare il lavoro da fare giornalmente per riuscire anche a ricavare sufficiente spazio per la vita privata.

Da quando svolgo questa attività, gestendo autonomamente l'attività lavorativa, riesco a trovare molto tempo da dedicare alla mia persona e soprattutto alla mia famiglia, senza mai saltare o rimandare quelli che mi segno come "compiti" settimanali (ripartiti fra i diversi giorni della settimana).

Questa disciplina, indispensabile per riuscire nel Network Marketing, insegna anche, come spiegato prima, a fissare un obiettivo, che sia misurabile ma soprattutto scadenzato, in un determinato tempo. Riuscire a seguire passo per passo la rotta delle azioni giornaliere, porterà inevitabilmente a raggiungerlo.

Inoltre ho sperimentato sulla mia pelle che organizzare preventivamente le cose da fare per gestire al meglio le nostre giornate ci rende più produttivi e addirittura più creativi. Questo perché il tempo è la risorsa più preziosa che abbiamo al mondo e sapere gestirla e farla fruttare da una parte arricchisce e dall'altra libera la mente da tanti pensieri e ansie, lasciando spazio a nuove idee.

Quando abbiamo la "mente come l'acqua", come qualcuno l'ha definita, ossia scevra da pensieri, ansie e stress relativi a cose da fare o completare, le idee arrivano inesorabilmente e siamo in grado di dare il via a nuovi progetti. La pagina del nostro libro è nuovamente bianca, tutta da scrivere.

Ciò significa che, se dobbiamo fare determinate azioni e non le scriviamo, quelle rimangono lì, perennemente appese nei nostri pensieri, anche quando ci sembra di non starci pensando. E questo, inconsciamente, ci affatica. Se impariamo a scriverle su un foglio intitolato "cose da fare", e quindi a scadenzarle, è come se le avessimo cancellate dai file della nostra testa. A quel punto avremo solo la scadenza di tale impegno, scritta sull'agenda, e ci penseremo solo nel momento in cui dobbiamo farlo.

Sembrerebbe una cosa semplice, tuttavia la pianificazione delle proprie giornate non è affatto facile da attuarsi. La mia crescita infatti è proporzionata a quanto riesco a organizzare la settimana, e, quando vedo persone che crescono più di me, è perché organizzandosi lavorano più di me.

Apro però una parentesi: lavorare di più non vuol dire essere perennemente impegnati, anzi, significa imparare a essere estremamente produttivi nel tempo dedicato all'attività. A volte incontro persone che mi chiedono: «Ma io faccio tutto ciò che c'è da fare, perché non riesco?» La risposta non è così semplice perché possono essere diversi i fattori che contribuiscono al mancato successo; uno tra tanti, come dicevo sopra, spesso è l'essere molto indaffarati ma poco produttivi.

Soprattutto in questo tipo di attività, dovete essere molto bravi a organizzarvi, perché altrimenti il tempo passa e non avrete concluso nulla. Se io sto a casa la mattina perché non ho un ufficio in cui andare e comincio a farmi distrarre da altre cose, come sparecchiare la tavola della colazione, svuotare la lavastoviglie, sistemare l'armadio, stare al telefono con un'amica o su Facebook a mettere like, arriverò all'ora di pranzo senza aver concluso nulla dal punto di vista lavorativo.

Quello che dovete imparare a fare è: prendere l'agenda e controllare subito i vari appuntamenti e, se non ne avete, fare le telefonate per prenderne per i giorni seguenti. Anche la spesa, l'ora dell'allenamento e la pausa caffè sono *da programmare*.

Una volta mi è capitato di dover andare a portare dei prodotti a un noto uomo d'affari e, quando mi ha chiamato, la sua segretaria è stata molto dettagliata nell'indicarmi giorno e orario, specificando che non avremmo avuto a diposizione più di 8 minuti perché, a seguire, l'agenda era piena di appuntamenti, tutti incastrati fino alla sera, compreso il tempo per mangiare.

Ecco, nel nostro caso possiamo essere meno ferrei nell'organizzazione del tempo, ma tanto più saremo organizzati, tanto più avremo successo e tanto più potremo essere rilassati nel tempo libero. Anche in relazione al lavoro stesso, se magari credo che siano necessarie due ore per parlare con una persona del prodotto oggetto del mio business, e di dover entrare così tanto nello specifico, significa che non sto ottimizzando il mio tempo lavorativo, significa che non sto svolgendo correttamente la mia attività.

Questo lavoro consiste sì nel parlare con le persone, ma non nello stordirle con mille cose di cui rimarrà loro impresso solo un 10%. Tra l'altro il Network Marketing come business è interessante *se e solo se* sapremo parlare dell'opportunità che c'è dietro, del potere della duplicazione, della creazione di una rete commerciale. Il prodotto c'è da provarlo e usarlo, punto e basta.

Molte persone hanno paura di parlare di questo business e principalmente per un motivo: la loro bassa autostima. Molta gente soffre di questa "sintomatologia" perché pochi sono stati spinti fin da piccoli a credersi speciali, in grado di fare. Prima scrivevo, appunto, che in un sistema con schemi predefiniti si tenderà, crescendo, a dimenticare i propri sogni, le proprie ambizioni e vocazioni, non credendoli più realizzabili e appiattendo via via le peculiarità di ciascuno.

Quando poi si entra in contatto con questa realtà lavorativa dove davvero tutto torna a essere possibile se davvero lo vuoi, le persone faticano a crederci e, di conseguenza, a raccontarlo agli altri. Il primo punto su cui tutti dovremmo lavorare è sulla nostra *autostima*. Avere un'alta autostima, che non significa un ego senza confini, porta a non avere paura di un percorso che seppur ignoto può invece rivelarsi una salvezza, e non solo in termini economici.

Ecco perché io definisco il Network Marketing una scuola di vita, perché ci mette continuamente davanti a quelli che sono i nostri limiti dandoci la possibilità di superarli e sentirci più forti e più grandi. Avere un'alta stima di noi stessi non ci fa mai intimorire nel parlare con qualcuno, perché ci sentiamo in grado di sostenere qualsiasi tipo di conversazione.

Che siamo o meno esperti di un argomento, sarà comunque interessante donare il nostro contributo e, nello stesso tempo, sarà bello imparare cose nuove dal nostro interlocutore. Di questi scambi sono fatte le relazioni. E di relazioni è fatto il Network Marketing!

Per avere un'alta autostima occorre sentirsi sempre a posto, mai fuori luogo e, sicuramente, per cominciare potrebbe aiutare anche essere messi bene da un punto di vista estetico, puliti e ben sistemati. *Volersi bene*: prendersi cura della forma per alimentare il contenuto. Come spiegavo qualche riga sopra, per me l'abito fa il monaco eccome! Ripeto, sempre a patto che ci sia sostanza.

Per me la responsabilità di curare il proprio giardino fa parte del proprio benessere e accresce l'autostima. E questo avrà una risposta positiva anche nei confronti dell'esterno. Molti non si curano, non imparano a farlo da persone che invece si pongono bene in ogni situazione, e il risultato sarà che la gente tenderà ad allontanarli. Non prendiamoci in giro, a tutti piace "il bello", altrimenti non sarebbe esistito questo aggettivo e sarebbe stato tutto uguale, senza differenziazioni. Allora perché non tendere al nostro miglior aspetto andando intanto a nutrire la prima parte dell'autostima?

Come ogni cosa, si può imparare a raggiungerla, basta volerlo sul serio. Dopodiché dobbiamo credere realmente in ciò che facciamo. Altrimenti come pensiamo di riuscire a essere credibili quando parliamo di questa opportunità così incredibile? Tanti mi dicono che non riescono a essere credibili perché non guadagnano ancora così tanto da poter essere una valida testimonianza, ma questa non è la verità.

La verità è che se vedi la possibilità di arrivare a un obiettivo in questo business, e riesci a porti al meglio di te come se lo avessi già raggiunto, allora sì che potrai vendere la tua *visione*. A me è successo proprio questo. Ho visto una grande opportunità, la possibilità di ribaltare la mia vita e, quando incontravo le persone i primi tempi, quando ancora stavo inseguendo l'obiettivo, facevo vedere loro, con il mio entusiasmo, quello che stavo vedendo io, la grande potenzialità di questo business.

So già che chi sta leggendo queste pagine apprezzerà il concetto ma non sarà poi in grado di applicarlo su di sé. A nessuno piace essere critico con sé stesso e difficilmente incontro persone in grado di aprirsi in questo senso. Continuano a ricercare il segreto, la risposta, nelle azioni che fanno quotidianamente, senza riuscire a spingersi oltre. Quindi mi rendo conto che affrontare questo, come altri argomenti troppo introspettivi, non è poi così semplice.

Come posso spiegare allora che non è solo la quantità di ore che si impiegano in quest'attività a farla funzionare o meno? Sicuramente con quante più persone veniamo in contatto, tanto meglio andrà la creazione della nostra rete commerciale, ma non è l'unico aspetto da tenere in considerazione.

La prima azione da fare riguarda noi stessi, la nostra struttura, quella che abbiamo costruito fino a oggi, e a volte occorre abbatterla e tirarla di nuovo su più stabile di prima, fondandola su pilastri importanti quale *l'autostima*, la *coerenza*, la *determinazione*, la *costanza*, la *disciplina*, l'*energia*. Argomenti di cui abbiamo parlato nelle pagine precedenti.

Mi capita spesso di incontrare persone molto meno fortunate di me, e non intendo da un punto di vista economico. Madri e padri che vedono ammalarsi il proprio figlio e cominciano il martirio in freddi ospedali; donne che perdono mariti con cui avevano costruito una famiglia e magari, subito dopo, perdono anche i genitori; persone che si ritrovano a un certo punto della loro vita invalide; incidenti crudeli che strappano via legami, amicizie, amori. Sono tutte cose che ho visto accadere intorno a me. Per ciascuna di queste persone le nottate non saranno più di riposo, ma di tristezza, agonia, dolore. Le loro giornate saranno pesanti, interminabili, piene di sacrifici... e sempre un'unica domanda: *perché?*

E cavolo, anch'io mi chiedo inutilmente *perché* quando incontro persone che soffrono, ma non potremo trovare una risposta, né io né loro, se non in una dimensione di pensiero diversa, più spirituale, sicuramente più elevata. Ho fede, ma non riesco a vedere più in grande *il disegno*. L'unica cosa che faccio spesso è fermarmi un attimo e dire *grazie*. Grazie per la mia salute, per quella di Sofia, della mia famiglia, dei miei cari.

E così, dando ancora più valore a ciò che ho, puntualmente decido di rispettare la vita nelle sue sfaccettature più o meno importanti. Nella frenesia quotidiana, non solo non ci capita spesso di essere grati, momento per momento, di ciò che abbiamo, ma talune volte addirittura ci focalizziamo su tutto quello che non ci piace e non vediamo più le cose positive.

Solo quando stiamo perdendo una persona o una cosa ci rendiamo conto di quanto in realtà la vogliamo, e cominciamo a ripercorrere mentalmente solo gli aspetti che ci piacevano. Quando una cosa diventa scontata, tendiamo a non darle valore, e solo nel momento in cui ci scivola via tra le dita la vorremmo afferrare con tutte le forze e tenerla con noi. Purtroppo non funziona in questo modo. A quel punto i giochi sono fatti.

L'atteggiamento giusto da avere sarebbe quello di rispettare le cose ma soprattutto le persone che ci circondano e dare loro valore ogni singolo giorno. Questa è veramente crescita personale, il saper lavorare su questi aspetti per evitare che la routine rompa quella fibrillazione iniziale che ci ha fatto innamorare o fare una determinata scelta.

In questi anni mi è capitato in diverse situazioni, ad esempio con la nuova casa. Dopo tanti sacrifici e dopo averla fatta come piaceva a noi, mi è capitato di lamentarmi e guardare solo le cose negative, ad esempio che era situata un po' fuori dalla città.

Ma quando ho visto una persona disposta a tutto purché io gliela affittassi, ho cominciato e vedere solo la sua bellezza, tutto quello che avevamo costruito con amore e mi piangeva il cuore al solo pensiero di doverla lasciare.

Mi è capitato anche con il personale di servizio a casa. Mi lamentavo di ogni virgola sulla gestione della stessa e, invece di pazientare aspettando che imparasse e si perfezionasse con il tempo, ciò a cui pensavo era solo come fare per sostituirlo. Ma quando questo stava effettivamente avvenendo, e non per mia volontà, ho cominciato a ripercorrere con la mente tutto ciò che di buono aveva fatto, ad esempio con Sofia.

Mi è successo anche in ambito lavorativo, con il Network Marketing. Non appena le cose hanno cominciato ad andare diversamente dalle mie aspettative (e sicuramente non per cause esterne) ho iniziato a criticare tutto ciò che riguardava il mio lavoro, a non esserne più innamorata. Ma quando ho pensato anche solo per un momento di mollare tutto, il cuore mi si è stretto e nella mia mente è nuovamente affiorato tutto ciò che di positivo questa realtà mi ha donato e quanto ancora è in grado di darmi.

Ho cominciato a pensare a quanto quest'attività ci abbia aiutato e sostenuto nelle difficoltà economiche attraversate dall'attività immobiliare di Simone, a quanta libertà di azione ci abbia donato in questi anni – cosa non scontata per molte altre attività – a quanto anche economicamente sia stata un punto fermo e costante negli anni e sia cresciuta in maniera inversamente proporzionale al tempo dedicatole.

Occorre dare sempre valore a ciò che abbiamo, per continuare a prendercene cura e accrescerlo. Se le cose intorno a noi non ci piacciono, a volte può bastare ristrutturare ciò che si ha, altre volte invece serve il coraggio di abbattere quei muri che ci impediscono di andare avanti e costruire una nuova e meravigliosa persona.

Tornando a me, anzi, a noi come coppia, questi tre anni ci hanno visti protagonisti di situazioni, come ho già detto, anche difficili nei nostri business al di fuori del Network Marketing, ma non abbiamo mai mollato.

L'attitudine e la disciplina sono assolutamente necessarie in quest'attività, al di là delle circostanze che accompagnano la vita di ciascuno di noi. Non è stato facile, perché eravamo un po' scarichi e, quando perdi quella giusta energia, il mondo affievolisce i suoi colori e cominci a vedere le immagini in bianco e nero, sentendoti sempre più senza energia.

Inoltre mi sono resa conto, vivendolo in prima persona, che quando arrivi a un determinato livello in cui sei anche comodo economicamente, tendi un po' a rilassarti e magari non spingi più come nei primi tempi di attività, quando sei affamato di crescita. Mettici anche che sono diventata mamma e mi sono fatta prendere un po' troppo da situazioni esterne abitualmente definite come *cause*.

Nonostante fossi abituata a relazionarmi con molte persone che si lamentano della propria situazione attribuendone le ragioni a fattori esterni a sé, e sebbene di volta in volta mi spingessi con loro in ragionamenti introspettivi volti a una loro crescita e formazione personale, anch'io, senza riconoscerlo, sono caduta in questa trappola.

Non mi nascondo dietro un dito, perché mi è successo e voglio raccontarvelo. Per un periodo non riuscivo più a trovare stimoli e soprattutto persone stimolanti intorno a me, tanto da non vedere più il mio obiettivo.

Quello non era per me, quell'altro non mi piaceva, quell'altro non lo stimavo, e avendo perso la visione idilliaca del business che *io* avevo riversato inizialmente anche nell'ambiente, tutto stazionava, non c'era più quell'impulso in grado di farmi stare costantemente con l'acceleratore premuto.

La visione di un obiettivo affievolita da condizionamenti esterni? *Pura follia*. Mi avevano insegnato che come si reagisce a ciò che ci capita dipende *solo* da noi, e ora stavo dando io la colpa a qualcos'altro?

Sono stati un evento e la persona che gestiva la scuola a farmi non solo riflettere (perché il solo sapere e conoscere queste dinamiche a volte non basta), ma a riscattare di nuovo quel click, quella voglia di farcela a prescindere dal contorno, quella voglia di andarmi a prendere il mio obiettivo, quella voglia di sentirmi diversa ed essere io stessa, per me, il mio esempio, la mia ispirazione, la mia guida.

Magari raggiungendo risultati importanti potrò essere io a ispirare qualcuno ed essere un punto di riferimento per altri, quindi ho deciso di terminare questo piccolo ebook, testimonianza della mia vita fin qui, perché è giunto il momento di chiudere l'ambita qualifica che mi ha spinto a iniziare il Network Marketing e che io avevo pianificato di raggiungere in cinque anni.

Ne sono passati già sette, perciò devo darmi da fare per andare a prendermi ciò che desidero! Non voglio più concedermi attenuanti, non voglio più sentirmi spenta a causa di situazioni esterne, non voglio più raccontarmela; mi sento già a quel livello, sono pronta e, scrivendolo oggi, pubblicamente, mi sto compromettendo del tutto.

Spero che il mio percorso di vita in questo ambito possa essere stato un contributo per tutti voi e sarò felice se con queste semplici e sentite parole avrò contribuito a cambiare, anche a una sola persona, parte della propria esistenza.

113

Conclusione

Il testo, come avete potuto constatare, non è niente altro che la reale testimonianza di parte della mia vita messa a disposizione di tutti quale esempio di azioni e relativi risultati, di emozioni e conclusioni pur sempre soggettive.

Il bello della vita, secondo me, è riuscire a vivere quante più esperienze possibili e arrivare alla fine dei nostri giorni arricchiti da un immenso e variegato bagaglio di conoscenze.

Tutto questo avrà il nostro nome... noi siamo il risultato di quello che viviamo, giorno dopo giorno, nel bene e nel male.

La domanda da farsi ogni giorno è dunque: chi sono, qual è il mio nome?
Buona vita a tutti!
E ci vediamo sui social...
Stefania Pellecchia

Se hai piacere ad entrare in contatto con me…

Contattami su Facebook: www.facebook.com/stefania.pellecchia.7

Oppure mandami un'email: stefania.pellecchia@me.com

www.ingramcontent.com/pod-product-compliance
Lightning Source LLC
Chambersburg PA
CBHW071448200326
41519CB00019B/5659